本书的出版得到广州大学资助

现代同居身份关系法律问题研究

何 群 ◎ 著

厦门大学出版社 国家一级出版社
XIAMEN UNIVERSITY PRESS
全国百佳图书出版单位

图书在版编目(CIP)数据

现代同居身份关系法律问题研究/何群著. —厦门:厦门大学出版社,2021.3
ISBN 978-7-5615-7915-2

Ⅰ.①现… Ⅱ.①何… Ⅲ.①婚姻家庭纠纷—研究—中国 Ⅳ.①D923.904

中国版本图书馆 CIP 数据核字(2020)第 269242 号

出 版 人	郑文礼
责任编辑	甘世恒
封面设计	蔡炜荣
技术编辑	许克华

出版发行 厦门大学出版社

社　　址 厦门市软件园二期望海路 39 号
邮政编码 361008
总　　机 0592-2181111　0592-2181406(传真)
营销中心 0592-2184458　0592-2181365
网　　址 http://www.xmupress.com
邮　　箱 xmup@xmupress.com
印　　刷 厦门兴立通印刷设计有限公司

开本 720 mm×1 020 mm 1/16
印张 10
字数 160 千字
版次 2021 年 3 月第 1 版
印次 2021 年 3 月第 1 次印刷
定价 55.00 元

本书如有印装质量问题请直接寄承印厂调换

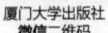
厦门大学出版社
微信二维码

厦门大学出版社
微博二维码

序

  20世纪60年代中后期,社会意识形态在婚姻家庭领域的主流趋势,是从"以家为本""家庭至上"的传统观念向"以人为本""个人与家庭兼顾"的现代观念转变的。突出的表现是世界范围内,离婚率增加的同时,异性同居社会现象与日俱增。这种冲击传统婚姻家庭的同居社会现象,在20世纪80年代中后期,特别是90年代以来的中国,因经济的发展,人员大量频繁的流动,生活观念也随之变化,与西方国家惊人地相似。但中国的情况是:从原来有条件地认可事实婚姻,到现在没有事实婚姻这一法律概念,而由同居取而代之。对未婚同居的法律保护,依据现行司法解释,仅就同居当事人间的财产分割、经济帮助方面有简单涉及,缺乏公平与正义。20世纪90年代末至今,婚姻家庭领域"以人为本",尊重与保护少数人人权的社会意识形态也顾及同性结合。同性婚姻合法化在一些国家和地区也是不争的事实,当代中国同性结合只是一种同性同居事实身份关系,保护与否也只是学者的观点之争。为此,我国诸多学者著书立说,期待立法保护这类同居事实身份关系。民法典婚姻家庭编对该问题如何立法也是受关注的焦点问题之一。

  本书作者随同我从湖南大学到广州大学,作为广州大学法学院教授、人权研究院兼职研究员,关注该问题近20年之久。本书从异性同居、同性同居研究的背景与意义入手,分析了现代同居事实身份关系的含义特征、类型、法律属性、原因及同居、婚姻、生活伴侣关系的鉴别等基本问题,述及主要国家或地区保护同居事实身份关系的立法与判例,并对未婚同居与身份占有、法的价值评判、特定情形下的婚外同居、正义法律理念的碰撞如何解决、未婚同居与一般人权理论、未婚同居与国际人权保护等做了系统的梳理,对我国学者已有的仪式婚的法律保护、事实婚姻制度之重构与设立非婚同居法、事实婚姻与非婚同居的二元化规制、民法典婚姻家庭编非婚同居关系立法研究等主要成果进行了肯定与分析,以客观事实、多元法律背景为依据,从中国婚姻家庭法、区际婚姻家庭法、国际婚姻家庭法等视角研究作为现代生活方式的同居事实身份关系法律问题,提出我国同居事实身份关系法律保护分两步走,涉外同居事实身份关系有条件地进行法律保护的设想,有一定的新颖性、可读性及参考价值,对完善我国与涉外婚姻家庭法具有理论与实践意义。

2020 年 10 月 19 日

目　录

第一章　导论 ·· 1
　第一节　异性同居研究背景 ································· 1
　第二节　同性同居研究背景 ································· 4

第二章　现代同居事实身份关系基本问题 ······················ 11
　第一节　现代同居事实身份关系的含义、特征 ··············· 11
　第二节　现代同居事实身份关系的类型 ····················· 13
　第三节　现代同居事实身份关系产生的原因 ················· 16
　第四节　现代同居事实身份关系的法律属性 ················· 21
　第五节　同居、婚姻、生活伴侣关系辨析 ··················· 23

第三章　现代同居事实身份关系的法律保护 ···················· 27
　第一节　美国的非婚同居契约、非婚伴侣关系法令
　　　　　或民事结合 ····································· 27
　第二节　英国的非婚同居契约、民事伴侣关系法 ············· 31
　第三节　法国的紧密关系民事协议、自由同居 ··············· 37
　第四节　德国民法中的同居婚、生活伴侣关系法
　　　　　及同性人结婚权利的法律 ························· 44
　第五节　澳大利亚的事实伴侣关系法与判例 ················· 50
　第六节　日本判例认可同居配偶享有损害赔偿请求权 ········· 55
　第七节　我国台湾、香港、澳门有关同居的法律、判例 ······· 56
　第八节　北欧国家的登记伴侣关系法、正式同居规则、
　　　　　同居（联合家庭）法 ····························· 58
　第九节　其他国家或地区有关同居的法律 ··················· 62

1

第四章 现代同居事实身份关系涉及的理论 …… 64
第一节 未婚同居与身份占有 …… 64
第二节 未婚同居与法的价值评判 …… 68
第三节 特定情形下的婚外同居
——规则、原则与公平、正义法律理念的碰撞 …… 73
第四节 未婚同居与一般人权理论 …… 76
第五节 未婚同居与国际人权保护 …… 85
第六节 既得权说的当代运用 …… 95

第五章 现代同居事实身份关系法律保护已有的思考 …… 97
第一节 仪式婚的法律保护 …… 97
第二节 我国事实婚姻制度之重构与设立非婚同居法 …… 102
第三节 事实婚姻与非婚同居的二元化规制 …… 108
第四节 民法分则婚姻家庭编非婚同居关系立法研究 …… 117
第五节 已有思考的评析 …… 120

第六章 国内同居事实身份关系法律保护设想 …… 132
第一节 国内同居事实身份关系法律保护第一步 …… 132
第二节 国内同居事实身份关系法律保护第二步 …… 133

第七章 涉外同居事实身份关系法律保护设想 …… 137
第一节 涉外同居事实身份关系法律适用与法律规避制度解读 …… 137
第二节 涉外同居事实身份关系法律适用与公共秩序保留原则解读 …… 139
第三节 适用适宜的"间接适用的法"解决 …… 141
第四节 可运用"直接适用的法"解决 …… 144

参考文献 …… 149

第一章 导 论

第一节 异性同居研究背景

20世纪60年代中后期,社会意识形态在婚姻家庭领域的主流趋势,是从"以家为本""家庭至上"的传统观念向"以人为本""个人与家庭兼顾"的现代观念转变的。突出的表现是世界范围内,离婚率增加的同时,异性同居社会现象与日俱增。为此,一些西方国家通过法律、判例,对异性同居这一社会现象所带来的亲子关系、同居当事人间的实体权利义务关系给予一定的规范或调整。与此相对应的外国国家异性同居的客观情况是:在西方国家未婚异性男女同居若干年,感情相对稳定,彼此尽忠实义务,而且视对方的父母为自己的父母,相互照顾的例子不在少数。2001年资料显示,英国人的结婚率是160年以来最低的。[①] 未婚男女将不婚视为一种对生活方式的选择,而非不得已;不婚并不意味着没有伴侣,只是他们不愿受一纸婚书的约束。在美国,非婚同居,1920—1980年增长了5倍,并且仍有强劲的发展势头。据美国人口调查局1994年的报告,从1970年到1993年非婚同居者由50万已发展到350万,其中120万非

---

① 何群:《同居关系的法律保护》,载《宁夏社会科学》2005年第3期。

婚同居者有子女。① 在法国有40％的新生儿诞生在非婚家庭。② 据法国国家统计局统计,1968年3％的夫妇不登记结婚,而到了1998年,接近于20％,相当于每5对夫妇中就有1对夫妇不登记结婚。③ 在英格兰,1960—2000年,20～50岁的女性中,同居的比例是原来的3倍。④ 在北欧各国,非婚同居者的人数占全部同居者人数的15％。⑤

20世纪80年代中后期,特别是90年代以来的中国,因经济的发展,人员大量频繁流动,生活观念也随之变化,上述冲击传统婚姻家庭的同居社会现象,与西方国家惊人地相似。但中国的情况是:从原来有条件的认可事实婚姻到现在没有事实婚姻这一法律概念,而由同居(含未婚与婚外同居)取而代之。对未婚同居的法律保护,依据现行司法解释,仅就同居当事人间的财产分割、经济帮助方面有简单涉及,且缺乏公平与正义。而配偶间一定条件下享有的损害赔偿请求权、赡养费请求权、继承权等方面根本不适用于未婚同居当事人。对婚外同居者法律上虽然确定了民事责任,但对婚外同居者追究的民事责任,是指诉讼离婚时无过错方配偶有权请求损害赔偿。如果不离婚能否请求损害赔偿?司法实践无法操作,形同虚法。对婚外同居者追究刑事责任是以事实重婚(客观上法律重婚甚少)的成立为前提,没有事实婚姻,哪来事实重婚?进而刑法上的重婚罪等于虚罪。与此相对应,我国同居事实身份关系的客观情况是:调查显示,20世纪70年代出生的年轻人,年龄大约在21～30岁之间,有些年龄更大,尽管其职业、受教育程度各不相同,但对生活的认识与看法有惊人的相似之处,即大多数人选择与异性朋友同居,拒绝婚姻,尤其在大城市,有这种选择的年轻人很多,且他们并不认为这样做是什么新潮,觉得很正

---

① 夏吟兰:《美国现代婚姻家庭制度》,中国政法大学出版社1999年版,第十+27页。

② 何群:《同居关系的法律保护》,载《宁夏社会科学》2005年第3期。

③ 方霞:《对婚姻自由原则的思考——兼论同居现象的合理规制》,载《广西政法管理干部学院学报》2005年第1期。

④ 陈苇、王薇:《我国设立非婚同居法的社会基础及制度构成》,载《甘肃社会科学》2008年第1期。

⑤ 汪晓薇:《北欧国家调整非婚同居关系的立法尝试》,载《外国法学》1987年第1期。

常,在这种同居生活中趋于相对稳定的占大多数。① 表现在:大学校园外的大学生租房同居,流动全国的打工大军同居,主导"同居潮流"的新兴白领阶层同居。与此相吻合的调查资料表明,有超过 20%的男女大学生有过婚前性行为,50%以上的大学生对此持肯定态度。② 在湖南,根据 2002 年 12 月 11 日《三湘都市报》报道:经对湖南省 5 所中等专业学校理、工、医、农、文各专业在校学生匿名问卷调查,13.3%被调查学生认可婚前性行为。在广东,据新华网广东频道 2003 年 6 月 13 日转载《新快报》的报道:经广东省民政厅有关部门摸查,在全省 1979 万多个家庭中,有将近 1/10 的家庭即 200 万个"家庭"由于种种原因,夫妻没有结婚证,不被法律承认。这种状况正如我国著名的婚姻法学专家巫昌祯教授所言:"从古到今,不是每个人都会老老实实按部就班地结婚生子过完一生。在国外,同居现象作为一种生活方式而普遍存在。在国内随着观念的开放也越来越多。"③ 因而有学者预言"将来的婚前同居就会像结婚一样自然与平常"。④ 而婚外同居,有媒体公开报道,目前在珠江三角洲地区"包二奶"的港澳台人士有 10 万左右,其中半数为香港人。而据有关机构推算,香港人在内地非婚生而遗弃的"黑户"子女中,单是珠三角地区就高达 5 万人。⑤ 另有台商在大陆"包二奶"成公开秘密,厦门出现"二奶村"的报道。⑥ 同时还应注意到,中国边民与毗邻国边民婚姻实为涉外婚姻,资料显示,云南、广西边民涉外婚姻 90%以上为"事实身份关系"或"同居关系"。但我国从原来有条件地认可事实婚姻到现在没有事实婚姻这一法

---

① 于秀:《法律干预什么》,改革出版社 1999 年版,第 90~91 页。
② 杨遂全:《第三人侵害婚姻家庭的认定与处理》,法律出版社 2001 年版,第 50 页。
③ 访婚姻法学研究会会长巫昌祯:《同居——女性请三思而后行》,http://www.sina.com,访问日期:2003 年 6 月 3 日。
④ 杨遂全:《第三人侵害婚姻家庭的认定与处理》,法律出版社 2001 年版,第 50 页。
⑤ 窦丰昌:《香港人在珠三角非婚生而遗弃的"黑户"子女达 5 万》,载《广州日报》2006 年 12 月 7 日。
⑥ 林海、司马岩:《台商在大陆包二奶成公开秘密 厦门出现二奶村》,载《环球时报》2006 年 12 月 22 日。

律概念，而由同居取而代之，由此带来的"同居事实身份关系"当事人一方的身份关系的效力、法律后果（如入籍、入户、财产继承、子女教育、社会监管、边防安全，以及身份关系的动荡、戏弄法律、弱者利益的保护）等问题突出，此现状已经引起我国政府的高度关注。"一带一路"是国家构建对外开放新格局的重要倡议，对世界范围内身份领域多元化的事实与法律环境，我们不应回避、视而不见，而应面对现实，积极寻求与探讨适宜于该身份领域的理论与实践依据。

第二节 同性同居研究背景

20世纪90年代末至今，婚姻家庭领域"以人为本"，尊重与保护少数人人权的社会意识形态也顾及于同性结合。同性婚姻，或同性生活伴侣关系，或同性家庭伴侣关系，或同性民事伴侣关系，为一些西方国家法律认可已是不争的事实。相对异性婚姻而言的同性婚姻，有狭义与广义之别。狭义的同性婚姻，除了婚姻主体的性别不同外，法律赋予此类婚姻，在称谓上，在婚姻的形式要件及婚姻的实体权利义务上与异性合法婚姻没有任何差异即完全相同。这一结论改变或者说拓宽了婚姻的主体。立法例有荷兰1998年1月1日正式生效的《家庭伴侣法》。该法所指的"伴侣"，既包括"同性伴侣"，也包括"异性伴侣"。对于同性伴侣来说，登记的同性伴侣将会和婚姻中的夫妻双方一样，在退休金、社会安全保障、继承和扶养方面享有同样的权利，承担相同的义务，但同性伴侣无权收养子女。2000年12月，荷兰参议院通过一项法案，允许同性恋者结婚并领养孩子。该项法案于2001年4月1日正式生效，表明荷兰是世界上第一个实现同性婚姻合法化的国家。在该法案中，同性恋者不但允许结婚，而且完全享有与异性婚姻相同的所有权益。因而，它是一部真正的同性婚姻法。有资料显示，仅在该法案生效的当月，就有386对同性伴侣在荷兰结婚。继荷兰国会于2000年通过法案，承认同性恋婚姻合法及同性伴侣享有收养权后，其邻国比利时紧随其后。2001年6月22日，比利时部长会议通过了一项法律草案,规定今后在比利时境内的婚姻不一定必须是异性间的结合,婚姻也可以是由两名男性或是两名女性所组成。这一法案的通过使比利时成为继荷兰之后第二个允许同性婚姻的欧洲国家。① 此外,一般认为,目前加拿大、西班牙、美国(2015年美国联邦最高法院在"欧伯格菲案"中确认了同性恋者在宪法层面上的婚姻权利)等是允许同性婚姻的国家。因而,当代社会的婚姻主体并非单纯传统意义上一男一女的结合,只能说明这类主体是婚姻的主流主体,但不是唯一主体。广义的同性婚姻,还包括准同性婚姻。准同性婚姻是法律认可的有别于婚姻的一种同性身份关系,其称谓多样。例如,德国称生活伴侣,丹麦等国称家庭伴侣,英国称民事关系伴侣,我国的一些学者称同居伴侣或同性婚姻或特殊婚姻。这类法律认可的身份关系之所以不是婚姻,是因为法律对这类身份关系的保护,无论称谓上,还是形式要件及实体权利方面,与婚姻相比是不同的。又由于它是一种类似于同性婚姻的法律认可的合法身份关系,因而,我们称其为准同性婚姻。在德国,2000年11月10日德国联邦议会通过了有关同性恋者结为生活伴侣的《生活伴侣登记法》(Gesetz zur Eingetragenen Lebenspartnerschaft),该法律于2001年8月1日开始生效,共四章19条;2017年10月1日《关于同性人结婚权利的法律》生效。德国上述法律的具体内容将在后文述及。法国政府于2000年1月颁布实施了《公民互助契约》,规定"同居伴侣"可以登记一种新型的家庭关系,且规定:"伴侣双方必须在经济上互相支持;除非特别说明,任何财产的添置都属双方所有。同居三年后,两人能够像夫妇那样共同纳税;一方死亡后,另一方能够顺利继承劳保。"但和婚姻相比,家庭伴侣的关系更容易被中断,而且无须律师的介入。如果双方同意,这种关系在顷刻之间就能解除。如果一方不同意离异,另一方则可以给出通知,原有的关系在三个月内就被自动解除。家庭伴侣法也没有专门关于双方忠诚、孩子或者继承权的条款。《公民互助契约》使法国成为全球第一个承认同性伴侣关系的天主教国家,受到了保守势力和天主教会的激烈反对。但调查表明,接近一半的法国人认为,同性伴侣的关系应该受到法律承

---

① 何群:《婚姻、同居、生活伴侣辨析》,载《甘肃政法学院学报》2007年第2期。

认,更多的人则支持未婚的异性伴侣也应该能够享受到一定的权利。在英国,2001年6月28日伦敦市政府宣布正式承认同性伴侣关系,并从同年9月份开始提供同性伴侣登记服务,为同性恋者举行类似婚礼一样的结合仪式,伦敦自此成为英国第一个承认同性伴侣关系的城市。但是,伦敦市的同性伴侣登记服务并不能向同性伴侣提供与传统婚姻一样的法律保护,只是在发生诸如住房租赁、退休保险以及移民纠纷时,可以证明双方关系的存在,由此处理一系列纠纷。2004年英国通过的一项法案允许同性通过法律程序,注册成为具有民事关系的伴侣。2005年12月5日该法案正式生效。根据这项法案,在英国注册的同性伴侣将享有异性夫妻在财产、继承、移民、赋税等方面享有的一切民事权利。注册人提出申请并经过两个星期的等待后,即可正式登记成为具有民事权利关系的同性伴侣。这在英国历史上尚属首次。虽然英国政府为同性伴侣的民事权利开了绿灯,但布莱尔政府在立法中还是放弃了"婚姻"的表述,选择了"结为民事关系"这样的含糊字眼。要结为这样的"民事伴侣"关系只需经过特定程序,签署一些文件即可。而正式的婚姻还需双方在民事或宗教仪式中相互立誓。不过,不少同性伴侣仍希望举行一个简单的仪式。① 2014年,同性恋可步入婚姻,同性恋情侣既可以选择成为"民事伴侣"关系的配偶,也可以正式结婚。而异性恋人群如果想确定关系,依然只能走程式化的"法律结婚"。2018年6月以后英国的情况有变化,内容后面述及。除上述国家或地区外,瑞典、挪威、丹麦、冰岛、芬兰、格陵兰、葡萄牙、比利时、加拿大、巴西、墨西哥、南非、新西兰等国均有生活伴侣关系法或家庭伴侣法。同时,据泰国新泰日报社讯,2018年12月25日,泰国内阁初步批准《民事伴侣法案》,该法案规定:性别相同、年满20岁且其中一方是泰国人的同性别者即可登记结为"伴侣",享有与夫妻同等的基本权利。② 因而,生活伴侣关系或家庭伴侣关系是一种有别于婚姻及单纯意义上的同居关系,而为法律认可的身份关系。而在同一时期不同的国家

---

① 何群:《婚姻、同居、生活伴侣辨析》,载《甘肃政法学院学报》2007年第2期。
② 泰国《民事伴侣法案》准备送进国会时,遇到众议院选举,加之国会积压许多案件及其他复杂原因,未能在选前处理,这一法案至今悬而未决。

或地区，法律不认可同性婚姻或有别于婚姻的同性结合的生活伴侣关系或家庭伴侣关系或民事关系伴侣，或对此类身份关系没有规范，任这种同性结合存在等现状而形成的身份关系，则为同性同居事实身份关系。

由同性恋到同性婚姻为法律认可，是人类婚姻制度史上的一场变革。中国的状况又如何呢？历史上，中国公众舆论对同性性行为一向比较温和。[①] 可以说，与历史上西方国家相比要好得多。而当代中国与西方国家相比，同性恋者大多仍处于隐秘状态，他们所面临的是主流社会的忽视，沉重的世俗社会压力，属游移于社会边缘的人群，基本权利得不到保障，婚姻家庭方面的权利无从谈起，更没有前述各国的同性婚姻法。目前，同性结合在我国只是一种同性同居事实身份关系。这一同性结合的身份关系尽管是少数人群，但也是一种客观存在。据1993年香港地区有关学者和上海中医学院在上海对2190名大学生的调查，发现有8.3%的男生和9.2%的女生有过同性性行为。1995年著名的社会学家潘绥铭教授对北京大学生的调查发现，既有同性恋心理又有性行为者占4.2%，仅有此心理者占8.4%。1998年社会学家李银河分析了许多调查结果，估测有3%～4%的中国人是同性恋者，总数约3600万～4800万人。[②] 2004年12月，中国官方首次公布的同性恋者数量，即中国卫生部门的一项研究调查显示：处于性活跃期的中国男性同性恋者，约占男性人群的2%～4%。以此估计，中国约有500万至1000万男性同性恋者。2008年，在广州还有30对同性恋伴侣在KTV举办情人节联欢的报道。[③] 同时，从科学研究结论而言，早期认为同性恋是一种疾病，应当进行矫正和治疗，而当代认为同性恋是人类感情的一种表达方式。为此，世界卫生组织《国际疾病诊断与分类手册》(ICD-10,1992)也从医学上否定了同性恋倾向的病态性。2001年4月20日《中国精神疾病分类与诊断标准（第三版）》把同性恋从精神疾病中删除，实现了中国同性恋非病理化。因此，如

---

① 李银河：《性文化研究报告》，江苏人民出版社2003年版，第140页。
② 刘达临、鲁龙光：《中国同性恋研究》，中国社会出版社2005年版，第46～47页。
③ 林菁、智军：《广州30对同性恋伴侣联欢共度情人节》，http://www.sina.com.cn，访问日期：2008年2月14日。

何规制大陆同性结合身份关系,也是我们应当探讨的问题之一。

对同性结合这一事实身份关系,值得关注的是,我国台湾地区已将其提到法案层面。2001年5月,我国台湾地区法务部门修正的"人权保障基本法"草案,将同性恋团体争取多年的同性恋人权问题纳入法律保障范围内。该部"人权保障基本法",原来分为"自由权"等14章,修正后将其中的"妇女人权"一章扩大为"两性人权",有关同性恋者人权的新增条款与事项,列在此章的第58条,该条规定:"同性男女可组成家庭,并可收养子女。"但法务部门表示,同性结合对传统亲属法中的婚姻关系,仍不免带来冲击,所以仅承认同性男女可以组成家庭,让彼此间具有"家属"关系,但他们的结合并不等同于"婚姻"。① 2019年5月17日,台湾地区"立法院"通过"司法院释字748号解释施行法"于5月24日正式施行。2019年4月底,台北宣布接受同性伴侣预约婚姻登记,截至2019年5月14日下午,台北市已经有147对同性伴侣预约登记。"司法院释字748号解释施行法"在财产制度、离婚后的子女监护权、法定继承上"准用民法",可以说大部分异性伴侣的权利,在同性婚姻中亦已经涵盖。但草案内容并未涉及"姻亲关系"与共同收养的界限,也没有提到人工生殖等问题。我国香港地区对同性恋者性行为的宽容在司法层面有所体现。2005年8月,香港高等法院曾裁定,禁止21岁以下男同性恋者性行为的《刑事条例》第118条违反基本法和人权法。主审法官认为,异性恋者和女同性恋者,只要16岁以上,发生性行为并不违法,根据基本法第25条及第39条,居民在法律面前一律平等,享有的权利与自由不应受限制,因此男同性恋者,不应因性别而受到歧视。② 我国大陆在司法实践中,1979年刑法并没有处罚同性性行为的专门法律条文,对同性恋者往往依据类推原则,曾以流氓罪对他们进行拘留、罚款,甚至劳教过。目前同性恋行为如不涉及下列四种情况,司法部门不予追究,这四种情况是:强暴;性交易;针对未成年

---

① 何群:《同性婚姻合法化的人权视角》,载《广东广播电视大学学报》2013年第2期。
② 何群:《同性婚姻合法化的人权视角》,载《广东广播电视大学学报》2013年第2期。

人;当众公开进行或多人同室进行。① 现阶段,中国大陆对这一身份领域出现的新情况,主要是学者之间争论赞成或反对立法保护时期。社会学学者从研究同性恋心理及性行为的角度,呼吁保护少数人人权,同性婚姻应合法化。这一领域的学者以我国著名社会学家李银河教授为代表。她认为,同性恋者是具有各项权利的公民,他们有结婚的要求,这些基本要求应该得到承认。同时,她提出两个方案:第一,以"配偶"(性别不限)代替婚姻法中的"夫妻",使婚姻法包含同性婚姻的内容;第二,制定专门的法案,解决同性婚姻问题。她向全国人大提交了《中国同性婚姻合法化提案》,但因种种原因,此提案最终未被提交到大会讨论。而一些著名的民法学与婚姻法学学者的意见有分歧。2000年8月31日,北京部分婚姻法专家、社会学家、法律工作者,就婚姻法修改中的热点问题召开了研讨会。杨大文教授对同性恋者"同意在法律上给以宽容",但认为"几千年来,婚姻制度就是为一男一女的结合而设的",如果打破这个传统,"婚姻就不是现在的婚姻了"。龙冀飞教授认为,"婚姻法不会为同性婚姻单独设置新的规则"。② 这些均表明他们不同意在法律上认可同性婚姻。而徐国栋教授在其著作《绿色民法典草案》婚姻家庭法编第2条中主张:"婚姻是男女两性以共同生活为目的,按法定程序以人身和财产事项为内容达成的合伙。两性人彼此之间与全男人或全女人缔结的婚姻,允许之。同性人彼此之间缔结的民事结合,在性质相宜的范围内,适用本分编的一切规定。"③

尽管我们也许在相当长的时期不可能认可同性结合为婚姻这一法律身份关系,但针对对待同性结合的法律现状,除非我们与有关同性婚姻合法化的国家或地区不往来,否则,国际同性婚姻或国际同性同居身份关系的命题的提出不可避免。事实上,我们正与世界各国及地区进行全方位的交往,欧美等西方发达国家仍是我们的首选。据统计,在海外大约有67.5万中国劳务人员,从事远洋渔业人员4万多,外派船员15万多。在

---

① 谈大正:《生命法学导论》,上海人民出版社2005年版,第262页。
② 崔丽:《修改婚姻法热门话题再聚焦》,载《中国青年报》2000年9月4日。
③ 徐国栋:《绿色民法典草案》,社会科学文献出版社2004年版,第185页。

海外设立的中资机构有1万多家。出国旅游、探亲、留学也在增加。中国公民的旅游目的地国已经达到132个。2006年,中国的出境人数达到2452万人次。2019年,中国公民出境人数超过3亿人次。而外国人在中国的情况也呈此事态。为此,2004年8月,公安部、外交部发布并实施了《外国人在中国永久居留审批管理办法》,这标志着中国"绿卡"制度正式实施。外国人在中国定居的首要条件就是要遵守中国法律,这是国际法上主权国家法律的属地性所在。面对此情形,两个相同或不同国籍的外国人,在其本国或原住所地合法成立的同性婚姻,或者两个具有中华人民共和国国籍的人,以及一个具有中华人民共和国国籍的人与一个具有外国国籍的人,在外国依法缔结的同性婚姻,及其相关民事法律效力的认可、权利义务的保护等问题,随该当事人来到中国,则是中国国际私法面临的现实问题。与中国相关的国际同性婚姻关系或国际同性同居身份关系如何适用法律?我国国际私法学的研究鲜有涉及。但这方面的实践已经客观存在。[①] 因而,研究中国国际私法上的同性同居事实身份关系的现实问题,也是我们应当探讨的问题之一。

  本书的研究,建立在各国或不同法域相互交往、互为依存、求同存异、和谐互惠的情形下,以全球事实与法律环境为背景,立足于我国的现状,以现代同居事实身份关系为研究对象,对身份法领域该命题倾注更多的、切合实际的人文关怀和法律人性理念,从中国婚姻家庭法、区际私法、国际私法、国际法等视角系统、全面、深入研究现代同居事实身份关系法律问题,对完善我国国内与国际婚姻家庭法具有一定的理论与实践意义。

[①] 中国领事公证人依据中国政府与外国政府双边领事条约(协定)中有关公证、认证等规定,依法不可为"同性伴侣关系人"的"未婚声明书"办理公证的案例分析已经出现。许育红:《领事公证认证法律实务(民商法律操作指引)》,法律出版社2007年版,第226页。

第二章 现代同居事实身份关系基本问题

第一节 现代同居事实身份关系的含义、特征

何谓同居?《辞海》《辞源》以及现代汉语词典,从语源上解释过其含义;一些国家和地区的法律对其作过规定。语源含义上的同居:一方面表达了同居是亲属间拥有共同财产、共同生活,即所谓同财共居;另一方面指夫妻共同生活或男女双方没有结婚而共同生活;此外,还有同在一处居住视为同居的解释。① 显然,身份关系方面的"同居"行为排除了纯粹为了节约住房开支或结交一般朋友的"合租合住"行为。法律含义上的同居,主要指法律认可的夫妻有同居的义务。本书所言的现代生活方式上的同居,进而形成的事实身份关系,即因同居而形成的事实身份关系,是相对法律确定的身份关系而言。对该问题的论述,我国学者提的较多的是关于"非婚同居"的概念。何谓"非婚同居"? 表述不一:如"男女双方在法律规定的时期内建立起共同生活体而无婚意的一种同居"②;或者是指"一男一女在未缔结婚姻的情况下,像夫妻一样共同生活的事实状态"③;

---

① 《现代汉语词典》,商务印书馆2016年版,第1313页。
② 张民安:《非婚同居在同居配偶间的法律效力》,载《中山大学学报》1999年第2期。
③ 高留志:《论非婚同居的立法规制》,载《广西政法管理干部学院学报》2003年第11期。

或者认为"同居并不是指姘居、有配偶的人与他人同居这些为社会公益所禁止的情况,而是指符合婚姻实质要件的男女结成共同生活体但无婚意的结合"①。这些论述总体特点具有狭义性,更多的是站在一国的社会现实背景下对普遍性社会现象所作的解说。如果以全球社会现实为背景,关注这一现代身份领域的普遍性与特殊性的客观存在,我们将其称为同居身份关系或同居事实身份关系,则更为确切。所谓同居身份关系,是指因双方当事人的意思表示一致,具有相对稳定的自然属性与社会属性的结合,而形成的不以法律是否确认为条件的客观存在的事实身份状态。这一含义有如下基本特征:

第一,同居主体的广泛性。即同居主体既可以是一男一女的异性,也可以是两男或两女的同性,排除多性伴侣或乱伦。

第二,双方当事人主观上必须有明示或默示一致的同居意思表示。胁迫、欺诈、乘人之危等单方面意思表示不构成同居身份关系的主观特征。

第三,双方当事人的同居行为必须以相对稳定的自然属性与社会属性的结合为内容。相对稳定的同居,是指同居对象、同居期间与同居住所的相对固定性,偶然的、临时的、多性伴侣的同居行为,不构成本书所言的同居事实身份关系。同居当事人自然属性的结合既以人的生理、心理的正常满足为需要的结合,也是其区别于其他社会关系的典型特征,但一般也认为它不是身份关系中的本质属性。身份关系中的本质属性是什么?是其社会属性。同居当事人社会属性的结合即以人的经济条件和意识形态相适应的结合。自然属性是同居事实身份关系产生的前提,社会属性是同居事实身份关系产生的决定性因素。

第四,双方当事人的同居行为不以法律是否确认为条件,是一种客观存在的事实身份状态。这一事实身份状态在一定的时期、一定的范围,有些国家或地区以法律形式认可为事实婚姻,或合法同性与异性婚姻,或有别于婚姻的其他合法身份关系,那么,就成为合法身份关系。而对相同的

---

① 方霞:《对婚姻自由原则的思考——兼论同居现象的合理规制》,载《广西政法管理干部学院学报》2005年第1期。

事实身份状态,同一时期另一些国家或地区不以法律形式认可为前述受法律保护的身份关系,那么,它只能成为客观存在的同居事实身份关系。因而,前述概念言其"无婚意"只是以法律认可为标准,并不一定以当事人主观愿望为尺度。从当事人的角度,并非一定没有寄希望法律保护这一同居行为的主观意思与愿望,但不管法律是否承认,它是一种客观存在的事实身份状态。

第二节 现代同居事实身份关系的类型

根据前述同居身份关系的含义、特征的分析,在世界范围,以多视角辩证地看待同居事实身份关系,因其以同居为前提,故有必要首先明确同居的种类。

同居这类社会问题,不能简单地认为即未婚同居或非法同居。笔者认为,同居应当包括以下类型:

从同居主体的性别而言,可分为同性同居与异性同居。

从同居主体有无婚姻关系而言,可分为有婚姻关系的同居(含同居双方有婚姻关系或同居一方有婚姻关系,而另一方无婚姻关系)与没有婚姻关系的同居;从同居的合法性而言,可分为合法同居与违法同居。

从同居的地域而言,包括含有涉外因素的同居,即涉及外国、外国人的同居与涉及外法域、外法域人的同居。前者即中国人与外国人之间在境内外的同居关系,同一国籍或不同国籍的外国人之间在中国的同居关系以及中国人之间在境外的同居关系。后者即在一个主权国家境内,具有独特法律制度的不同法域,双方当事人之间形成的同居关系。如中国人与德国人之间的同居属于涉及外国人的同居,中国内地人与香港人在中国特定的领土范围内的同居则属涉及外法域人的同居。

以上同居类型在现实生活中交替出现。以婚姻为例,一般意义上的婚姻是一男一女以永久共同生活为目的的结合,具有人口再生产的职能,因而夫妻双方理所应当同居。对此不少国家和地区的法律明确规定了夫妻双方有同居的义务。如德国、法国、日本、阿根廷、意大利等国家乃至我国香港、澳门、台湾等地区相关的法律均有夫妻同居义务的规定。从早期片面强调妻负有与夫同居的义务，到当代夫妻双方相互负有同居义务的立法规定，表明同居是婚姻的法律后果之一，是夫妻双方在没有特别事由的情形下，相互为对方所承担的婚姻义务之一，是天经地义的事。即使法律没有明文规定，也没有例外。因而，这类同居是异性的、合法的、有婚姻关系的同居。

现行荷兰与比利时等认可同性婚姻的国家，其法律认可的同居，则含有同性的、合法的、有婚姻关系的同居。现行德国、瑞典、挪威、丹麦、冰岛、芬兰和格陵兰等国均有生活伴侣关系法或家庭伴侣法，生活伴侣关系或家庭伴侣关系是一种有别于婚姻及单纯意义上的同居，而为法律认可的同性身份关系，因而，这些国家还存在一种有别于婚姻的、同性的、合法的同居关系。英国的《民事伴侣关系法》适用于同性与异性，因而，这里的同居是一种有别于婚姻的、含同性与异性的、合法的同居关系。

此外，还有涉及他人婚姻的异性同居与不涉及他人婚姻的异性同居。前者是指同居期间至少有一方存在与他人有婚姻关系的同居关系，即"婚外同居"，依我国的法律视角分析，这类同居即异性间的违法同居。原因是涉及他人婚姻的同居关系，违反了我国"一夫一妻制"等婚姻家庭法的基本原则，中华人民共和国成立后的法律从未保护过该种同居关系。而站在允许"一夫多妻制"国家的法律视角分析，这类同居并不一定违法。后者是指同居的双方在同居期间都没有结婚或已经离异，即"未婚同居关系"。对未婚同居关系，同居时间的长短，具有不同的意义。对临时的且不固定的未婚同居，前提是只要双方自愿，不涉及第三人利益，不违背社会公共秩序，法律不应禁止，但亦不宜提倡。对长期的未婚同居关系，即未婚男女彼此有维持长期同居关系的意愿和事实，对外公开以同居者或非一般意义上的朋友关系相称，一般有固定的同居场所，这种同居关系就是我们过去所称的广义的事实婚姻。这类同居从理论上言，属于异性间的合法同居。理由是从我国已有的法律规定来看，婚姻法修正案及其司法解释，以及新的《婚姻登记管理条例》有"禁止有配偶者与他人同居"的规定，各省市的计划生育法规有禁止非婚生育的规定，最高人民法院关于

以夫妻名义同居的司法解释中有关于"非法同居"的处理原则,除这些以外,其他法律、法规中尚未见到关于禁止未婚同居或婚前发生性关系的规定。根据"法律无明文禁止的不算违法"的一般法律原则,未婚同居关系并不违法。同时值得思考的是,在我国同性未婚者同居是否违法?以上述理由导出,同性未婚者同居也不违法。如果同居关系中含有涉外因素,则为前述涉外同居。

以上同居关系的分类表明,当代社会同居关系的现状具有多样性与复杂性。我们运用一般的法学理论,以不同的法律视角,区分不同性质、地域及主体的同居关系,目的是求得对同居这类社会或法律问题有一个全面的理解,并以此为价值尺度,引导人们的行为。① 虽然同居事实身份关系以同居为前提,但二者不能等同。原因是同居事实身份关系是相对法律确定的身份关系而言,法律确定的身份关系中的同居,如前述同性与异性婚姻关系中的同居,以及有别于婚姻而为法律认可的同性生活伴侣关系中的同居,则不能视为同居身份关系,或同居事实身份关系,而是一种法律认可的身份关系。② 基于此,同居身份关系,或同居事实身份关系,可作以下分类:

第一,从同居身份关系的主体性别而言,可分为同性同居身份关系与异性同居身份关系。前者即指两个男性或两个女性同居而形成的同居事实身份关系。后者即指一个男性与一个女性同居而形成的同居事实身份关系。

第二,从同居当事人一方或双方是否存在婚姻关系而言,可分为未婚同居身份关系与婚外同居身份关系。前者包括未婚同性与未婚异性同居身份关系。后者包括婚外同性与婚外异性同居身份关系。

第三,从同居身份关系是否含有涉外因素而言,可分为含有涉外因素的同居身份关系与不含有涉外因素的同居身份关系。含有涉外因素是指法律关系三要素含有涉外成分。涉外成分应做广义理解,既包括涉及外

---

① 何群:《婚姻、同居、生活伴侣辨析》,载《甘肃政法学院学报》2007年第2期。
② 严格来说,同居事实身份关系或者称同居身份关系不能等同于同居。本书如果没有特别指明,又因其存在的联系,故二者可作为同一语义理解。

国与外国人的同居身份关系,同时也包括涉及外法域与外法域人的同居身份关系。不含有涉外因素是指法律关系三要素不含有涉外成分,既包括具有相同国籍的当事人在自己国家领土范围内的同居身份关系,也包括同一法域的当事人在自己法域所确定的地域范围内的同居身份关系。

第四,从同居当事人的年龄而言,可分为老年人同居身份关系与中青年人同居身份关系。尤其是老年人同居身份关系对我国而言具有重要的理论与现实意义。如老年人丧偶,生存方欲需要有一个人与其共同生活,相互扶助以求相对正常的晚年生活,而面对成年子女的态度、财产继承等问题,又不想结婚,其身份关系意欲获得法律的保障,这是法律急需解决的现实问题。

以上同居事实身份关系类型在现实生活中也是交替出现。同性同居身份关系是同居身份关系中特殊的社会现象,也是应当正视的法律与事实问题。未婚异性同居身份关系,无论是否含有涉外因素,均是各国普遍存在的社会现象,也是理论与实践的重点与难点。婚外同居身份关系,在注重各国普遍性理论观点与立法实践的同时,也应关注个案与一般法律原则、规则的冲突,但一般法律原则、规则又与公平、正义一般法律理念存在碰撞,如何协调这一矛盾?对该类同居问题的研究,涉外同居身份关系是各国相互交往的结果,在内国或内法域没有相应的实体法规定,则不可能存在相应的冲突法规则时,该领域的法律适用问题研究,具有理论前瞻性与现实适用性。

第三节 现代同居事实身份关系产生的原因

同居事实身份关系产生的原因,具有普遍性原因,又因其类型的不同而有所区别。

一般而言,同居事实身份关系产生的普遍性原因:一是当今世界,国家之间各方面互动的频繁与密切,意识形态领域的相互渗透与影响,自由与宽松,且形式多样的人际交往,个人权利意识的增强与膨胀,个人生活方式的多样性是必然趋势。二是私人生活质量标准发生了深层次的改变。市场经济条件下,个人生存压力、竞争机制增强的同时,个人综合素质生存能力显著提高,生存空间具有广泛性。随之而来的是个人对伴侣的要求与传统文化不同。传统文化对私生活伴侣首要考虑的因素是人的健康与诚实可靠,而市场文化对私生活伴侣注重考虑的因素是与之相适应的物质生活与精神生活双重标准与要求。为追求高质量的私人生活,向往、恐惧、贪欲与特定情形下的现实合理需要并存。为达此目的,人们确定选择为法律认可的婚姻或类似婚姻的身份关系只是其行为的一方面。同时,还应看到,法律不许可(如一方或双方存在婚姻关系未解除、相关国家法律只允许缔结异性婚姻等),或是惧怕受约束力的婚姻生活与期待的高质量的私人生活脱节等情形,人们行为的另一方面,即为此而选择为法律禁止或法律空白的同居身份关系。这是社会变革过程中的必然现象。因而,排开法律空白的同居身份关系,有学者认为:"第三人侵害婚姻家庭的广度增加和深度增强,不是世风日下和历史倒退,相反,这是社会变迁过程中的一种必然表现。对之不能一味禁止,而应进行合理疏导,使这种暂时的失范现象在更高的法律层次上实现整合。"①

同居身份关系的产生除具有上述普遍性原因外,不同类型的同居身份关系存在的原因有所差异。

未婚异性同居身份关系在国外发展迅速的重要原因:一是解除同居关系无须通过法律程序,还可避免因离婚所带来的经济后果,如在法国,一对同居的当事人想分手,只要其中一方以书面通知对方,三个月后关系即告结束,不像一般离婚程序那样耗费时日。二是逃避税收,在美国作为双收入者纳税人,同居比结婚的税收要低得多。三是对女权主义而言,选择同居可以从传统家庭以性别划分家务劳动的模式中摆脱出来。第四,对于从第一次婚姻中获取生活费或其他福利的人而言,再婚会使这些利益丧失。

我国学者在分析我国的未婚同居身份关系产生原因时,早期的学术

---

① 杨遂全:《第三人侵害婚姻家庭的认定与处理》,法律出版社2001年版,第48页。

著作(主要是婚姻家庭法或亲属法教科书)一般认为:法制观念淡薄,重传统习俗轻法律程序,婚姻登记机关的工作失误是产生未婚同居或事实婚姻的原因。现行社会背景下,除了经济因素,解除婚姻的烦琐及不利后果等原因外,还有两点不容忽视:一是现代人的私人生活重内容,轻形式,追求自由,不愿意承担责任或责任感不强;二是人的自然需求。对青年人而言,在21世纪内,我国人口下降之前,一方面法定婚龄不会降下来;另一方面,现实生活中学制的延长,就业压力增加,人的自身利益的驱使,当外在条件不具备时,青年人晚婚晚育应为一种趋势,而青少年性成熟年龄在提前,这种矛盾延长了青年的性期待期,成为一个不可忽视的婚前同居增加的客观因素。

对单身老年人而言,生理心理有正常需要,但因老年人生活上追求目标不一致,来自双方家庭亲属(主要是房产继承问题)的阻力,婚姻基础薄弱、抗干扰力差,成功率低等原因,导致老年人再婚难。老年人选择同居而形成事实身份关系,则不难理解。故有学者建议,针对目前我国老年人婚姻的特点,立法增加规定:老年人再婚可以允许不进行婚姻登记,采取双方自愿达成书面协议后同聚的准婚姻方式。①

对涉外未婚同居者而言,有性别、年龄、职业与经历等方面差异,该原因更为突出。因为国内外人际、语言、文化及习俗等环境的巨大差异,孤独、寂寞在海外人群中具有普遍性。此外,这类同居身份关系还有以下原因不容忽视:一是节约开支。在海外除了学费之外,最大的经济支出是房租,且适宜的住房也不容易寻找。出于经济原因选择同居也在情理之中。二是在一些国家,如果两个人同居两年以上,在移民时是会得到额外加分的。分数越高,移民成功的可能性越大。而一些留学生还会直接选择与当地华人同居甚至结婚,只是条件很苛刻,比如要收入稳定、有车,要熟悉当地文化。② 三是有些国家鼓励未婚男女同居,且为其提供条件。如笔者所见所闻,在德国法兰克福大学,无论内外国留学生,申请教会办的带

---

① 陈苇:《结婚与婚姻无效纠纷的处置》,法律出版社2001年版,第22页。
② 严利、李颖:《低龄留学生同居调查:传统道德约束失效》,载《广州日报》2006年12月15日。

慈善性质的学生公寓时,以男女朋友的身份申请比单个人申请更容易得到经济实惠的租房。尽管德国是一个法律许可类似于同性婚姻的同性生活伴侣合法化的国家,但目前德国也是一个人口负增长的国家,政府提倡鼓励生育的计划生育政策。由于同性结合不可能产生自然血亲的子女,因而,习惯上是不允许同性提出合租住房申请。这就客观上为未婚男女同居提供了条件。另据2007年5月3日广东新闻频道《留学生》栏目,对在法国的未婚中国男女留学生的报道也说明了此原因。

同性同居身份关系在国内外的存在,伴随同性婚姻与同性生活伴侣关系在一些国家得到法律认可,此类事实身份关系也受到社会及学界的应有关注。而不认可这类当事人的结合为合法身份关系的国家,当事人这种关系则为同性同居身份关系,或者即使法律认同这类当事人的结合为合法身份关系,但当事人不具备法定条件或不履行法定程序,当事人这种关系也仍为同性同居身份关系。同性婚姻或同性生活伴侣关系与同性同居身份关系在国内外存在的原因,是非曲直,莫衷一是。基本情况是,反对者认为,仍为社会生活基本单位的家庭,通常由一个男人与一个女人组成,同性不能组成家庭。赞成者认为,他们的家庭同样是和谐、有尊重、支持与关爱的。为此,反对与拥护这类法律或事实身份关系人们有以下针锋相对的观点:一是针对反对者的"变态论",赞成者认为,既然同性婚姻早已有之,那它就是常态,不是变态。二是针对反对者的"道德败坏论",赞成者认为,这不是道德品质败坏的问题,不是明知故犯,而是一种本能。三是针对反对者的"享乐论",赞成者认为,这纯粹是个人爱好问题,任何人都可能成为同性恋者。同性恋者与异性恋者相比,只是某些性爱方式不一样,其他一切都没有什么不同。因而,呼吁社会全无必要干涉和强制人与人之间的私生活问题,应当给予更多理解和宽容。① 从以上论述可知,与异性婚姻或异性同居身份关系不同的性爱方式,即不同的生理与心理需要,是同性同居身份关系,或者同性婚姻,或者类似于同性婚姻的合法身份关系产生的重要原因。此外,还有以下原因不应忽视:一是对大多数不认可同性婚姻,或者类似于同性婚姻合法化的国家的同性同

---

① 李昌道:《加拿大同性婚姻法透视》,载《比较法学研究》2006年第1期。

居当事人来说,在不否认其追求高质量的私人生活方式的积极因素的同时,也应看到同性同居与异性同居相比,更不存在法律、道义、共同财产、抚育子女等责任,更加具有随意性。二是据有所了解的人士即知情人士透露,在已经形成的同性爱"二人世界"的关系,即同性同居事实身份关系上,很明确地以接受供养为目的而建立这种性关系的事例并不是少数。他们产生的矛盾,已经不是爱与占有的矛盾,而是性与交易价值和交易方式的矛盾。①

　　婚外同居身份关系可分为婚外异性与同性,有涉外因素等情形。婚外同性同居身份关系存在的原因:一是迫于社会习俗、家庭等方面压力,不得已缔结异性婚姻,但其特殊的生理及心理需求仍得不到满足,为此不间断地或隐秘地与婚外同性伴侣同居;二是通过对媒体的报道所做的分析,上述未婚同性同居存在的原因,也存在于婚外同性同居当事人间。国际婚外同居身份关系,也具有国际未婚同居身份关系排遣孤独、寂寞,满足生理、心理需求及节约开支等原因。婚外异性同居身份关系,是此类同居身份关系中的重点。以我国为例,大陆当事人之间,内地(大陆)人与香港人、台湾人在广东、福建等地形成的婚外同居身份关系最为典型。由此所引起的危害性后果及其他法域政策的改变不容忽视。异性婚外同居身份关系在我国大陆的存在,首先是计划经济向市场经济转变过程中,随着经济生活水平的不断提高,一些人的思想意识发生了显著变化,如:"饱暖思淫欲"者的享乐主义;喜新厌旧者所谓找到"真爱";追赶潮流者的时尚主义思潮等。其次,大量的农村剩余劳动力涌入城市,尤其在经济相对发达地区,如珠江三角洲,一些未婚的或已婚的人,由于经济原因而选择与婚外的异性同居。再次,受"不孝有三,无后为大"封建思想的影响,为生男孩传宗接代。最后,客观原因,如夫妻长期分居两地,或是一方有生理缺陷或性生活不协调,为了满足生理需要,寻找婚外异性同居。

　　以上各种类型同居事实身份关系的普遍性与特有原因表明:同居事实身份关系存在既有积极原因,也有消极原因。以人为本的价值理念,与个体追求高质量的、和谐的私生活的存在形式和意识并存,这是我们不应

---

① 童戈:《关于同性同居之我见》,载《健康干预项目》第 27 期。

忽视的同居事实身份关系产生的积极因素。这一积极因素,要求我们正视身份领域的客观存在,从法律观念与法律制度上倾注切实可行的人文主义。同居事实身份关系产生的消极因素,是社会各种因素作用于身份领域的结果,既有物质的,也有意识的,既有自然因素,也有社会因素,如何趋利避害,使其有益的原因最大化,是一项系统工程。

第四节 现代同居事实身份关系的法律属性

从学理上而言,如何认定现代同居身份关系的法律属性?笔者认为其具有民事契约性。理由是:

首先,同居身份关系是一种民事行为。何谓民事行为?我国民法通则未作出定义性规定。学者有多种理解,笔者认为,民事行为是平等主体为设立、变更、终止财产关系和人身关系而实施的行为,其中符合法律规定的,便上升为民事法律行为,不符合法律规定的便不能上升为民事法律行为。因而,这种民事行为是否成立与有效是两个不同的问题。客观公正的态度是:"法律行为的成立,属于事实判断问题;法律行为的有效,属于价值判断问题。"[1]据此,民事行为的成立是指于事实上已经产生了一个民事行为,至于这个行为是否符合法律规定的有效要件,能不能产生行为人预期的法律效果,即在法律价值上评判上是有效行为还是无效行为,则在所不问。也就是说,民事行为有效是指已成立的民事行为符合法律规定的有效要件,获得了法律肯定的评价,能够产生行为人预期的法律效果。民事行为无效是指已成立的民事行为因法律之否定评价而不能发生行为人预期的法律效果。[2] 这就是不同时期不同国家,针对不同类型的同居身份关系效力的认定与否的症结所在。

其次,同居身份关系符合契约的要素。现代契约的精神源于罗马法,

---

[1] 彭万林:《民法学》,中国政法大学出版社1994年版,第99页。
[2] 李开国:《民法总则研究》,法律出版社2003年版,第245~246页。

罗马法规定:契约是由于双方意思表示一致而产生相互法律关系的一种约定。罗马法初期重视仪式,协议即合意是契约的必备条件,后来由于仪式的烦琐而逐渐与契约相分立,协议即合意则成为契约的核心要素,形式只在有助于判断合意的真实性时才予以保留。而现代契约精神除了合意之外,还含有合意背后当事人对交换利益的期待。此点因身份关系本身兼备自然与社会属性的结合,该关系中理应存在身份利益、情感利益的交换。① 由于相对稳定的同居身份关系是建立在当事人明示或默示的意思自治基础上,这种明示或默示的意思自治即协议,符合现代契约的核心要素之一。同时同居身份契约,只能依靠当事人之间的诚实信用维持。当事人之间诚实信用的前提是对协议背后身份、情感等交换利益的现实价值期待。如果当事人之间彼此无诚信,这种同居契约关系是无法相对稳定维持的。又因诚实信用原则是民事契约最起码的原则,法律上承认与保护该种关系,强制履行同居契约关系中的权利与义务(对不违法的身份契约),或者法律上否认与惩处该种关系(对违法的身份契约)就有了理论依据。

因此,现代同居身份关系作为人们选择的一种生活方式,是当事人明示或默示的意思自治的结果,不管我国法律承认保护与否,它将是全球身份领域存在的法律与事实状态,这种状态是身份领域当事人崇尚的意思自治原则在私领域的价值体现,也是人缔结身份关系的一种自由权。虽说不同的时代和不同的国家基于自身的阶级意志与经济关系的不同,对人自由缔结身份关系这种行为的法律界定及保护各异,笔者的结论是:一方面,只要这种明示或默示的意思自治非建立在违反社会公序良俗的性服务基础上、无害于他人、不违背国家强制性或禁止性法律规范,当事人这种具有私人事务性的选择是可以接受并予以保护的。另一方面,从维护依法设立的涉外民事关系的稳定性,保护当事人的既得利益,尊重多元

---

① 虽说有学者认为,我国《合同法》第 2 条规定"婚姻、收养、监护等有关身份关系的协议,适用其他法律的规定"是"因为身份关系并不属于交易关系,当然不应受合同法调整"(参见王利明、崔建远:《合同法》,北京大学出版社 1999 年版,第 24 页),事实上,身份关系是人生最大的一笔交易,交易的成功或和谐与否,对人生其他方面的影响至关重要,尤其对女性。同时此规定正好说明了身份关系的契约性。

化文化观念与生活方式,内外有别地对待与处理涉外民事身份关系的视角出发,肯定外国法律认可的同性婚姻,或同性生活伴侣关系,或同性家庭伴侣关系,或同性民事伴侣关系,认可涉外未婚同性同居事实身份关系的效力,及其相关实体法上的权利与义务,这也是中国政府以人为本、和谐治国理念,在涉外民事关系中的具体运用。再者,对婚外同居身份关系,无论是同性还是异性,也无论在国内还是国外,一般而言,不认可其民事身份关系的效力,不保护其实体民事权利,或追究其民事责任等,均可从当事人违反民事契约责任中找到合理答案与解释。

第五节 同居、婚姻、生活伴侣关系辨析

婚姻、同居、生活伴侣作为法律上和事实上确立身份关系的三种不同方式,不能同一而语,也不能简单片面地理解,三者有区别,但又存在紧密的内在联系。婚姻是符合法律规定的当事人以永久共同生活为目的,结婚是以法律的形式确定当事人身份关系的一种法律行为,婚姻当事人是生活伴侣,必然同居,这是婚姻内在的本质要求。因而,当事人具有合法的婚姻关系,就必然是生活伴侣和同居关系。婚姻关系涵盖同居关系和生活伴侣关系。法律对婚姻当事人的保护是具体全面的,既体现在实体法上又体现在程序法上,给予合法婚姻当事人在人身关系及与人身关系相联系的财产关系方面的法律保护。这点在不同国家的家庭法或亲属法或婚姻法以及相关联的程序法中均有反映,不必述及。同时缔结婚姻是组建家庭的前提,家庭是婚姻的结果,因而,婚姻当事人是家庭成员,是最近的亲属。诚然,同性婚姻与异性婚姻最大的不同在于:前者不能产生自然血亲的子女,而异性婚姻当事人虽然能够产生自然血亲的子女,但也有不生育的自由。因此,此点不能成为否认同性婚姻主体的理由。法律意义上的生活伴侣关系,即受法律保护和认可的生活伴侣关系,同居也是其内在的本质要求,因而,生活伴侣关系涵盖了同居关系。缔结生活伴侣关系是一种法律行为,也是一种以法律的形式确立身份关系的方式,生活伴侣

当事人是家庭成员,也是最近的亲属,此点与婚姻相同。但由于生活伴侣关系主体的特殊性,即一般是同性生活伴侣,为了捍卫传统的主流婚姻,以示生活伴侣关系与婚姻关系的区别,当代西方各国的法律对生活伴侣关系的保护是有限的。反之,如果法律对生活伴侣关系的保护与婚姻关系的保护完全相同,这就是同性婚姻,而非生活伴侣关系。单纯意义上的同居,即与受法律认可的婚姻或生活伴侣无关的同居,要么是违法同居,要么是理论上认可的合法同居,因而,只是同居关系而已。这是一种事实上确立身份关系的方式,当然也是一种事实上的生活伴侣,尤其是长时期的、稳定的、有固定住所的同居,更是如此。但它有别于前述因合法的法律行为而确立的身份关系,其法律后果是完全不同的。违法同居,一般国家的身份法律不给予当事人之间任何权利义务保障。理论上认可的合法同居如何保护问题,是理论与实践的热点与难点,除了形成所谓的事实婚姻而将其作为婚姻对待以外,法律上对它的保护各国差异很大。

辨析婚姻、同居、生活伴侣的意义在于:

第一,人类社会之所以能够延续至今,人种的繁衍是其必备的要件。但人种的繁衍并非杂乱无序,必须有序进行,即必须在特定的规则下进行。人类婚姻制度史表明,从群婚制到对偶婚再到一夫一妻制这一漫长的历史长河,人种的繁衍遵循生物学的遗传规律依次进化,一夫一妻制被当代社会认为是最完美的婚姻形态,为各国身份法普遍接受,同时规定了合法婚姻当事人之间具体的权利义务,以求这一身份关系的稳定,达到家庭乃至社会的和谐有序运转。这一法律认可的异性婚姻当事人是这一历史责任的主流主体。因而,异性婚姻这种确立身份关系的形态,是一种与人类社会共存亡的社会形态,值得倍加遵从与推崇。

第二,对单纯意义上的同居,婚外同居(违法同居)即违法民事契约身份关系,笔者历来不赞同对其进行法律保护,原因是违背"一夫一妻制"的婚姻法基本原则。而对未婚同居关系(在我国现阶段,长期的未婚异性同居身份关系为重点)应给予法律保护。因为,将同居身份关系的法律属性界定为民事契约:一方面,它和现代民法中的"身份—契约"的关系相一致。梅因"从身份到契约"的命题指明了进步社会的运动是一种从隶属走向自由的运动,是一种从不平等到法律上平等的活动,而实现自由、平等的工具是契约。"从契约到身份"的运动是社会由个人自由走向公平、正义的运动,体现法律上平等到事实上平等的努力,而实现事实上的平等可以借助身份。① 当事人之间由民事契约身份产生的权利和义务受法律保护。另一方面,符合现代民法的基本原则。现代民法形成的新的基本原则是诚实信用、禁止权利滥用和保护弱者利益三项原则。这些原则强调,在民事关系尤其是在契约合同关系中,每一方当事人都承担广泛地照料对方的义务,使得民事法律关系建立在合作与公正的法律基础之上。当事人对自己权利的主张必须以尊重他人的权利为条件,国家根据公共利益可以干预私人生活。如果当事人所处的地位使一方侵占(或损害)了对方必要的利益,国家有保护弱者的责任。② 因而,法律上承认与保护该种关系,强制履行同居契约关系中的权利和义务,反映了禁止滥用权利和保护弱者利益的现代民法原则,其作用是积极的、建设性的,也是立法与司法实践与时俱进的体现。

第三,同性婚姻及生活伴侣或家庭伴侣关系,当代西方国家之所以承认其法律地位,一方面,虽说有悖于传统的社会道德以及法律的价值取向,属于"少数群体",所占总人口比例非常低,但它是现实生活中存在的客观情况,从重视人权与保护人权,有利于强化对同性生活伙伴的必要的管理与监督及社会稳定等方面考虑,法律理应正视而不是回避这一社会现象;另一方面,女性社会经济地位的提高和女权运动的兴起,选择这种生活方式,可以从传统家庭以性别划分家务劳动的模式中摆脱出来。但由于久远的习俗、根深蒂固的道德观念,以及政治及其他社会因素的作用和影响,客观上同性生活伙伴的社会地位居于婚姻之下,为此同性生活伙伴争取与婚姻当事人相同权益的不懈努力并没有结束。同性婚姻当事人的法律地位虽与异性婚姻当事人相同,但世俗的偏见是客观存在的,且难以在短期内消除。笔者认为,人们选择了为法律认可的这种生活方式,是主体充分协商一致,展示个性的现代意识的表现,只能以待异性婚姻一样的视角"平等"待之,而不能以所谓的"宽容""包容",更不能用"歧视"的态

---

① 梁慧星:《民商法论丛》(第15卷),法律出版社2000年版,第741页。
② 梁慧星:《民商法论丛》(第15卷),法律出版社2000年版,第734页。

势待之。在我国大陆也许相当长的时期内法律不可能认同这种生活方式的情形下,对单纯中国人在境内存在的事实上的同性生活伴侣关系,实践中应正视它的客观存在,理论上应理性地思考、探讨,并加以对话。对涉外同性生活伴侣关系及同性婚姻应有别于境内存在的同性生活伴侣关系及同性婚姻,即外国人在境外依法成立的同性生活伴侣关系或同性婚姻,而该外国人现在在我国,以及中国人与外国人在境外依法缔结的同性生活伴侣关系或同性婚姻,在不违背国际公共政策的前提下,准予其适用当地国家的法律,承认其法律效力。也就是说,在我国没有这类实体法,更没有这类冲突法的情况下,司法实践可大胆先行,一方面能维护现有的身份关系的稳定性,符合当事人的意愿;另一方面对中国人与外国人在境外依法缔结的同性生活伴侣关系或同性婚姻的保护,结果在很大程度上使我国当事人获得了依我国法律不能获得的权益。

第三章 现代同居事实身份关系的法律保护

第三章 现代同居事实身份关系的法律保护

对同居关系的法律保护一般有三种途径：一是在民法典亲属编或婚姻家庭编的条款中作出规定；二是颁布单行法，如美国称"非婚伴侣关系法令"、德国称"生活伙伴法"、法国称"同居契约制"；三是通过司法判例承认当事人之间达成的明示或默示"非婚同居契约"。现以美国、英国、德国、法国、澳大利亚、北欧、日本，以及我国澳门、台湾、香港等国家和地区为例，略述现代同居关系法律保护的现状。

第一节 美国的非婚同居契约、非婚伴侣关系法令或民事结合

美国对同居身份关系的法律保护是通过非婚同居契约、非婚伴侣关系法令或民事结合得以实施的。

非婚同居契约即未婚同居当事人之间以明示或默示的方式明确其权利义务关系的一种协议。同居协议作为合同，双方必须就同居期间的权利义务关系明确化，即该协议应当包括诸如如何分担房租、抵押贷款、生活费用等细节，同居关系解除后财产的分割和分配方式以及一方对他方的扶养责任和承担责任的期限。同时，作为合同的生效要件之一必须有对价，即一方必须为他方让渡一定的利益，如承担一定的费用。如果只是一方对他方的赠予，接受者无任何回报，该合同因缺乏对价不能要求强制

执行。目前美国大多数州均有要求制定和强制实行非婚同居合同的规定,合同的形式可以是口头的也可以是书面的,可以明示也可以默示,其目的在于保护同性与异性非婚同居者的合同权利和义务。1981年加利福尼亚州最高法院对玛威案件的判决产生了美国历史上第一个承认非婚同居关系及非婚同居合同法律效力的司法判例。加州最高法院在审理该案时指出:第一,家庭法不规范非婚同居关系的财产分割,这类关系适用当事人之间的合同约定,除非该约定纯粹建立在娼妓卖淫关系之上;第二,法院应强制当事人履行其明示合同;第三,在没有明示合同时,法院可考虑当事人的行为是否构成默示合同、合伙或合资协议,或者在当事人之间是否有其他默契。玛威案判决的一个重要性是适用了分离理论,它将非婚同居协议中通常被视为是非法对价的性服务,与合法的合同对价如伙伴关系、家庭服务区别开来。

美国的非婚伴侣关系法令是在当今美国社会只有大约30%的家庭是传统家庭,即父母与他们的子女生活在一起,其他70%都是由非传统家庭构成(包括单亲家庭30%,单人家庭,以及异性与同性非婚同居家庭)的背景下产生的。1989年5月,旧金山市政监察委员会以9票对0票,2人缺席通过一项法令,承认同性和异性非婚同居者均享有"合法家庭成员的资格"。与之相呼应,1989年7月纽约州最高法院对家庭的定义作了突破性的改变,即根据"家庭生活真实性原则",家庭可以包括两个成年的终身伴侣,他们之间以终生相伴和共享情感、财产并彼此信赖为特征,因此,共同居住10年以上的同性恋者被视为合法的家庭成员。现在已有越来越多的城市制定了"同居伴侣关系法令",对非婚同居者给予有条件的法律保护。作为同居伴侣,旧金山、纽约、西雅图、华盛顿等城市要求他们共同到政府机构办理登记,以得到法律的承认并享受相应的权利,双方要终止同居关系,也必须到有关部门登记备案。根据上述城市的规定,同居伴侣享有的权利主要包括:(1)有权享受家庭健康保险政策;(2)有权作为家庭成员请假照料生病的伴侣;(3)有权作为家庭成员休丧假;(4)有权作为家庭成员到医院和监狱探视;(5)一方死亡后,他方对共同居住的房屋享有继续承租权。此外,许多公司最近也制订和实行平等雇佣办法,不仅雇佣已婚配偶,也雇佣非婚同居伴侣,并将公司的家庭成员福利也给予非婚同居者。①

美国的民事结合源于对同性伴侣权益的法律保护。20世纪70年代后出现了一系列同性恋者要求承认同性结婚权的案件。夏威夷州、阿拉斯加州、佛蒙特州和马萨诸塞州最高法院相继作出了认可同性伴侣权益的判决。为使本州立法与司法机关的判决相一致,这几个州的立法机关面对同样的问题采取了不同的对策。夏威夷州和阿拉斯加州通过《宪法修正案》把婚姻限定为异性之间的制度,从而使法院判决归于无效;佛蒙特州立法机关通过"民事结合"(civil union)制度,将婚姻项下的一切权益赋予没有婚姻身份的同性恋者;马萨诸塞州则迫于最高法院的压力承认同性婚姻,成为美国第一个允许同性结婚的州。在这三种对策之中,佛蒙特州和马萨诸塞州的做法可以算作美国复杂多样的非婚同居法律制度的一种类型,属于以身份为依据的调整方法。同性非婚同居者可以通过登记,在佛蒙特州以民事结合身份,在马萨诸塞州以夫妻身份,获得婚姻项下的权利义务。佛蒙特州民事结合制度和马萨诸塞州同性婚姻制度为同性同居伴侣提供的权利保障非常全面广泛。佛蒙特州以折中的方式,既保持婚姻作为异性结合的神圣性,又协调同性伴侣对平等权益的要求。马萨诸塞州明确赋予同性恋者平等的结婚权。然而,这两种制度的中心意旨都是保护同性恋者的权益,绝大多数异性同居伴侣难以从中受益。

由于美国是一个多法域国家,有关非婚同居的法律制度具有多样性与复杂性,除伊利诺伊州等三个州完全不承认非婚同居关系以外,其他州以各种不同方式,或多或少地承认非婚同居当事人的权利,但差异非常大。美国对非婚同居关系的法律对策,有的是法院采用的规则,有的是立法机关的成文法,有的是行政首长的命令。就非婚同居者权利义务产生的依据而言,有的州以同居合同为依据,有的州以一般性关系、民事结合(同性婚姻)、家庭伴侣(互惠关系)等特殊身份为依据。就非婚同居法律关系的主体而言,有的州平等对待同性伴侣和异性伴侣,有的州只针对同性伴侣,有的州则包括所有同性伴侣和部分异性伴侣。就非婚同居法律

---

① 夏吟兰:《美国现代婚姻家庭制度》,中国政法大学出版社1999年版,第28~30页。

关系的成立而言,有的州需要登记等程序,有的州不需登记,符合一定标准即可。就非婚同居法律关系的效力而言,有的产生与婚姻类似的权利义务,有的仅产生当事人之间的内部效力,有的仅产生当事人针对第三方的某些外部效力。就非婚同居关系的终止而言,有的州一旦不符合标准即不受法律调整,有的州需经过类似离婚的程序解除,有的州则经单方通知即可解除。因此,各州之间非婚同居法律制度的多样性和巨大差异可能导致严重的法律冲突问题。例如,华盛顿州的非婚同居伴侣移居到加利福尼亚州,或移居到伊利诺伊州,就不一定能在同居关系终止时基于其一般性身份关系分割同居期间的财产。登记的同居伴侣或婚姻配偶可以在佛蒙特州、马萨诸塞州、加利福尼亚州和新泽西州之间自由迁徙,其权利几乎不受影响。然而,如果在佛蒙特州缔结为民事结合的伴侣,搬往其他不承认民事结合的州居住,他(她)们就难以获得"离婚"救济和继承权。同时,一州之内也可能存在多种调整非婚同居关系的法律方法。如在加利福尼亚那样的州,有关非婚同居者的法律制度就是混合型的,或者说是"以不同的法律理论为依据,源于不同救济方式的拼凑物"。对于大多数异性非婚同居伴侣(年龄在62岁及以下),伴侣之间的权利义务仅以合同为依据,且仅限于伴侣之间的关系。只有生活在某些市或县的异性非婚同居伴侣,可能根据家庭伴侣关系条例享有休假权、探病权、医疗健康福利等一些针对第三方的权益。对于同性非婚同居伴侣和62岁以上的异性伴侣而言,没有登记为家庭伴侣的,只能在关系终止时以合同为依据互负权利义务。在2005年之前登记为家庭伴侣的,除可以通过合同约定伴侣之间的权利义务,还可以享有针对第三方的不当致死之诉的诉权、过失伤害的精神损害赔偿权,以及医疗护理决策权、病假权等权益。这些登记家庭伴侣如无否定表示,就从2005年1月1日起转为承受与婚姻类似的内部和外部效力。在2005年之后登记为家庭伴侣的,则自始承受与婚姻类似的权利义务。不过,家庭伴侣不能合并申报个人所得税,他们享受的权益仅限于州,而不包括联邦的福利。①

---

① 王薇:《美国非婚同居法律制度述评》,载《暨南学报(哲学社会科学版)》2010年第1期。

美国有关非婚同居关系的法律保护,早先偏重于对同性同居关系的调整,对异性非婚同居关系的承认和保护是非常有限的。原因是极力维护传统的异性婚姻制度,而拒绝同性婚姻。从1996年9月21日美国国会通过了《婚姻捍卫法》,至少35个州通过《婚姻捍卫法》或宪法修正案,规定只承认异性之间的婚姻关系而抵制同性婚姻,至2015年6月26日美国最高法院裁定同性婚姻在全美合法,表明法律的漠视态度并不能抑制非婚同居的客观存在与盛行,不论同性还是异性,在婚姻之外建立的彼此信任和依赖的关系都可以得到法律的认可,正视同居与婚姻并存是其非婚同居关系法律保护的现状。

第二节　英国的非婚同居契约、民事伴侣关系法

统计调查显示,英国同居者的数量呈现显著增加的态势:1988年到1999年之间,在所有配对者中,异性的未婚同居者从5%增加到了15%;2001年到2002年之间,60岁以下的没有结婚的女性中有29%的人与人同居,几乎是1986年的3倍。可以肯定的是,婚前同居已是常态,80%的伴侣在结婚之前已经同居。伴随着非婚同居的增加,生活在同居者家庭的孩子也不断增加。在1970年,只有不到10%的孩子出生在非婚同居者家庭;到21世纪之初的2004年,则有42%的孩子出生在非婚同居者家庭。特别值得指出的是,虽然现有的英国家庭法确认了缔结婚姻的法定条件和形式,但许多英国公民存在一种误解,即认为异性同居者一旦如同夫妻一样共同生活一段时间,法律将承认同居者为普通法上的配偶,并像对待结婚者一样对待这些同居者。正是由于相信这种普通法婚姻神话的存在,不少同居者由此误认为自己已缔结了婚姻关系。就同居持续的时间而言,虽然可以肯定同居关系的平均持续时间短于婚姻的时间,但调查显示这种持续时间在延长,目前同居者的持续时间平均在六年半。只占1/5的同居者维持其同居关系短于1年或1年以下。许多同居关系导致结婚,在2000年有59%过去的同居者结婚。但许多同居者并不是短

期生活在一起试婚,而是将同居看作从约会、经过同居到结婚这一长期过程的重要部分。这在相当程度上否定了常认为同居关系必然是短命和脆弱的认识。与非婚同居大量增加和时间延长的情况相反的是,婚姻数量持续下降和离婚率的迅速增加。据统计,英国的婚姻数量已从1970年的480000宗下降到20世纪末的300000宗,即使在2004年也只有311000宗婚姻被缔结。在1979年到1995年之间,英国人口中结婚的妇女的比例从74%下降到了56%。与结婚者数量上的下降相随的是离婚者的增多。据估计,有大约40%的婚姻在世纪之交会因离婚而终止。同时,结婚也被推迟,在英格兰和威尔士,男性的平均结婚年龄从1971年的25岁被推迟到2003年的31岁,同期女性的平均结婚年龄则从23岁被推迟到29岁。伴随着非婚同居现象增多、非婚生孩子的大量出现以及随着时间的推移,公众对同居和婚姻的态度也发生了实际的变化。事实上,同居伴侣生育和抚养孩子,行为方式更像结婚的伴侣;同居时间的增长对于许多人来说,意味着同居被看作对结婚的一种真实的替代或者是另一种婚姻形式,具有与婚姻关系相同的许多特点和作用。整个社会对非婚同居的看法也发生了由鄙视到认可和接受的改变。现在接受同居为婚姻的一种替代或者前奏更为普遍,家庭的传统功能不再被视为属于结婚伴侣的排他性的领地。对于许多人来说,同居被视为通向婚姻的自然进程的组成部分甚至是为发展任何长期关系的一个实质性阶段。多数的英国人接受、认同同居对于伴侣和父母来说是一种有效的选择。在父母子女关系仍被认为最好是以婚姻关系为基础的同时,人们的观点正转向接受那些选择在婚姻制度之外确立父母子女关系的人。①

英国法律对非婚同居关系的保护是一个逐步承认的过程。20世纪70年代以前,非婚同居的当事人在法律上还不能享有婚姻当事人所能享有的权利,但是后来法院的态度有了一个完全的改变。1972年,英国上诉法院在 Cooke v Head 一案中判定,只要同居者是自愿的,对于打算要结婚的同居者的财产权利问题,应该按照配偶享有权利的同样的方式进

---

① 周应江:《英国家庭法对非婚同居关系的承认与保护》,载《中华女子学院学报》2008年第1期。

行处理。3 年后,上诉法院在 Tanner v Tanner 一案中进一步判定,同居者可以基于合同性许可所给予她的权利而对其先前伴侣购买的房子享有占有权。在同一年中,上诉法院还在 Dyson Holdings Ltd V. Fox 一案中作出了一个广受争议的判决:同居者根据《租金法》,作为已故承租人家庭的成员可以主张法定租赁权的移转。

与此同时,议会也开始通过立法赋予同居者以权利。1975 年的《继承法》(为家庭和受抚养人所作的规定)[the Inheritance (Provision foe Family and the Dependants) Act]规定,非婚同居的一方可以申请法庭命令以改变无遗嘱继承规则,进而获得死亡的伴侣的部分遗产。1982 年的《司法法》(the Ad-ministration of Justice Act)修改了 1976 年《致命意外事故法》(Fatal Accidents Act),赋予了同居者可就其伴侣死亡提起损害赔偿诉讼的权利。《住宅法》(Housing Act)则将那些如同丈夫和妻子一样生活在一起、能因承租人死亡而主张租赁权的人纳入了自己的调整范围。1996 年的《家庭法》(Family Law)赋予法庭以向同居者颁发占有财产令的权力,在该法上,享有此权利的同居者被定义为"彼此既没有婚姻关系也不是民事伴侣,但如同丈夫和妻子或者类似民事伴侣一样生活在一起的两个公民"。相似的情况是,1992 年的《社会保险缴付和收益法》(So-cial Security Contributions and Benefits Act)为了确立公民获得特定社会保障福利的资格,也将伴侣界定为"彼此没有结婚但如同丈夫和妻子一样生活在一起的一对男女"。

1976 年《家庭暴力和婚姻法律程序法》(The Domestic Violence and Matrimonial Proceedings Act)第 1 条第 2 款界定了非婚同居的概念,但是这些界定在解释和适用时仍存在不少问题,可以说在这一时期英国法律还没有一个统一的适用于所有非婚同居概念。据该条款,如同丈夫与妻子一样正生活在同一住所内的一对男女,可以基于家庭暴力而申请禁令以限制对方的行为或者将对方驱逐出住所。该法对非婚同居关系的界定涉及几个要素,但会导致适用上的困难:第一,生活在一起。这里的问题是,如果在同居时不采取行动,而是等到一方离开后再对实施暴力行为的一方采取法律行动,则很难说符合上述条款的适用要求。第二,生活在同一个住所。这里的问题是,如果同居者之间关系已经破裂,但却还居住在一起,怎样认定其彼此间的关系?类似的适用上的困难,也存在于如何界定同居关系成立的时点。在这个问题上,前述的1975年的《继承法》(为家庭和受抚养人所作的规定)和1976年《致命意外事故法》规定,同居者必须与死亡的伴侣共同生活至少两年,才能依法主张权利。第三,是一对男女同居。1996年的《家庭法》第62条第1款也做了同样的要求。这里很明确地可以看出,同居被定义于异性男女之间而不包括同性同居。但是,随着1998年《人权法》的施行,将非婚同居限定于异性男女之间被认为与《欧洲人权公约》不相容,因此2004年的《家庭暴力、犯罪和受害人法》(The Domestic Violence, Crime and Victim s Act)以及《民事伴侣关系法》(The Civil Part-nership Act)都去除了异性男女的限制而可适用于同性伴侣。第四,如同夫妻一样生活。这个要求意味着同居关系不同于房东与房客、合住者甚至不同代的家庭成员之间的关系,但是,如何来判断同居者是如同夫妻一样生活,在实践中难有统一的做法,如在 Kimber v Kimber 一案中,法官认为要考虑这些因素或者标志:共同生活在同一个住所中、分担日常家务、关系的稳定和持续程度、共同处理家庭经济事务、存在性关系、孩子、目的和动机、一般人对其关系的认识等。

随着非婚同居关系逐步被接受和承认,英国法律在处理非婚同居问题时,事实上是采取了由当事人自我约定处理和法院裁量处理与法律规定相结合的方式。一方面,法律承认当事人自行选择确定处理同居关系的规则。例如,同居当事人可以通过设定相互间的赠与、明示设立财产信托、订立同居合同(cohabitation contract)等方式来规范相互间的财产关系以及其他事务。另一方面,法院可基于推定信托或者禁反言等规则的适用处理同居者之间的财产争议等问题;此外,在同居关系下的子女抚养、遗产继承等问题上,立法还就此作出了一些明确的规定。值得提及的是,在英国的家庭法理论上和司法实践中,同居合同被认为是调整同居关系的重要手段。虽然,此种合同因可能涉及性交易从而可能因违背公共政策而无效,但是法学理论和司法实践上一般都认为,同居者可就同居期间的财产、经济、孩子抚养等方面的事务进行约定,同居合同适用合同法的一般规则,在当事人违约时可诉请法庭强制执行。

英国于2004年颁布了《民事伴侣关系法》,明确了同性伴侣可以经过登记确立民事伴侣关系，并取得类似于婚姻关系中的配偶的权利和义务。由此，在英国法律上，成年公民之间的私密关系，可以是异性之间的婚姻关系或者同性之间的民事伴侣关系，也可能是没有登记的非婚或者非民事伴侣的同居关系。民事伴侣的法律地位类似于婚姻当事人，而非婚或非民事伴侣的同居者则没有取得如此的地位。非婚同居者与婚姻关系、民事伴侣关系的当事人之间的法律地位上的差别主要体现在以下方面：第一，在关系的缔结与终止上，法律对非婚同居的开始或者终结缺乏明确的限制性要求。第二，在扶养问题上，在同居关系终止时，与处理婚姻关系或民事伴侣关系不同的是，法庭只享有确认同居者的财产的归属的权力，而不能要求同居者向对方移转财产或者支付扶养费。但是，在处理同居者之间的财产纠纷时，法庭会适用衡平法原则进行处理。但值得注意的是，1991年《儿童抚养法》和1989年《儿童法》同样适用于没有结婚的伴侣。非婚同居的伴侣，可以订立同居合同以明确在关系终结时财产的归属，但要注意合同中的表述，以免被法庭认定为性服务合同而不具有法律效力。第三，在孩子问题上，非婚生子女的父亲不能自动地对孩子承担其作为父亲的责任，但可以通过在孩子的出生证明上登记其父亲身份的形式获得对孩子履行父亲责任的资格，或者通过向法庭申请获得此资格的命令。第四，在继承问题上，非婚同居的伴侣不能自动享有对死亡的伴侣遗产的继承权，但可依据1975年的《继承法》（为家庭和受抚养人所作的规定）的规定，向法庭申请命令以获得部分财产。第五，在婚姻财产问题上，婚姻当事人或者民事伴侣对婚姻住所享有法定的居住权，而非婚同居伴侣不享有此权利，在破产时也不能像婚姻当事人那样获得特别保护。第六，在税收和社会保险福利上，有些特别的税收豁免只适用于婚姻当事人或民事伴侣而不适用于非婚同居伴侣，比较重要的如遗产税等。此外，在刑事犯罪、证据法则、移民等方面，非婚同居关系与婚姻或民事伴侣关系也有一些细微的差别。①

在整个20世纪，有关非婚同居者权利的法律争议，大多是以异性同

---

① 周应江：《英国家庭法对非婚同居关系的承认与保护》，载《中华女子学院学报》2008年第1期。

居关系为中心。有学者将英国的家庭法概括为三个保护层次:首先是居于最高层次,拥有最多法定权益和救济措施的是婚姻关系;其次是异性非婚同居关系;最底层的是同性同居关系。① 进入 21 世纪以后,随着一些新的家庭立法和司法判例的出现,英国的这种家庭法等级层次正在发生改变。2001 年 6 月 28 日,英国伦敦市政府宣布正式承认同性伴侣关系,并从同年 9 月份开始为同性伴侣登记,为同性恋者举行类似婚礼一样的结合仪式,伦敦成为英国第一个承认同性伴侣关系的城市。2001 年 10 月,英国下议院通过了 Jane Griffith 提出的《伴侣关系(民事登记)法案》,该法案规定同性伴侣可以通过登记享有与婚姻配偶相同的权益。2002 年英国政府公布《民事伴侣关系法草案》。2004 年 3 月 30 日,该草案被提交到上议院,获得通过。2005 年 12 月 21 日,英国《民事伴侣关系法》正式生效。根据该法,同性同居伴侣提出申请并经过两个星期的等待期后,即可正式登记成立民事伴侣关系,取得与已婚配偶相同的权利义务。这标志着英国对同性伴侣实际上是承认了同性婚姻,只是没有使用婚姻这一名称而已。据最新报道,目前英国有 300 多万对夫妻没有合法的婚姻,但是却生活在一起。英国政府颁布的《民事伴侣关系法》使同性恋者步入婚姻,而异性恋人群如果想确定关系,依然只能走程式化的"法律结婚"。2018 年 6 月,37 岁的 Rebecca Steinfeld 和 41 岁的 Charles Keidan 向最高法院提出异议,他们希望"民事伴侣"关系能同样普及到异性恋人群。这对情侣于 2010 年相识,已生有两个小孩,但他们并未结婚,女方曾表示"那种几百年来'把女人看成财产'的传统婚姻制度",并不是她想要的。他们反对父权婚姻制度,并且认为这一"民事伴侣关系"只针对同性恋人群的规定本身就是不平等、带有歧视色彩的,与所谓的欧洲人权公约的精神背道而驰! 并称"希望以一种平等的伴侣关系养育孩子,并成为民事上的伴侣———一种更现代、更对等的方式———同时也给孩子们树立最好的榜样"。究竟是什么原因导致他们如此反感传统意义上的婚姻制度,如此推崇同性恋间适用的"民事关系"呢?据 Rebecca Steinfeld 和

---

① Jonathan Herring, *Family Law*, 2nd edition, Pearson Education Ltd., 2004, p.71.

Charles Keidan 的律师表示:"其一,对婚姻有着根深蒂固的、真正的意识形态上的反对",认为传统婚姻本身就是带有深深的父权与不平等色彩。其二,在西方国家,传统的婚姻必须披上宗教神圣的外衣,而"民事伴侣"之间没有宗教的约束,可以在任意时间、场合签订,这就极大吸引了向往自由、厌恶束缚的西方人,尤其是当他们处在被宗教信仰束缚的国家。其三,不走传统结婚程序两人同居、默认为夫妇,却没有任何正式关系的情况引发的后果就是,在死亡或是分居后,他们能得到保护的权益少之又少,纠纷多,尤其财产方面,也不可享有配偶税收减免权益等。于是,这一申诉引发社会大众的关注,越来越多的异性情侣都表示希望《民事伴侣关系法》能同样适用于异性人群,政府也对此投来了关注,这对夫妇最终赢得了判决,为"异性民事伴侣法"赢来了属于自己的曙光。这一改变有助于保护那些并不一定想要结婚,但想要将他们的关系正规化的异性同居者。通过扩大民事伴侣关系的人群,无论是同性还是异性,在生活中都有相同的选择。这是平等的重要一步,通过给异性情侣这一除婚姻之外的选择,能给他们和他们的家人带来更多的安全感,促进有利于婚姻平等的立法,将为英国 300 万同居情侣提供更多保障,并进一步推动国际化的婚姻平权运动。①

第三节 法国的紧密关系民事协议、自由同居

法国历史上立法几乎没有任何有利于非婚同居伴侣的规定,但 20 世纪下半叶起,司法和行政方面开始突破立法对非婚同居关系的强硬态度。原因是面对婚姻家庭领域非婚同居者的权利诉求,同性恋运动的强大压力,法国立法机构不得不正面应对这一领域的立法改革。在经历了重重阻挠和多次辩论与修改之后,法国议会最终于 1999 年 11 月 15 日通过了

---

① 方雯雯:《英国 300 万要同居不要结婚的情侣喜大普奔了》,载《英国大家谈》2018 年 10 月 4 日。

关于《紧密关系民事协议与同居》的法令，并于 2000 年 1 月生效实施。至此运作了 200 年的拿破仑法典中出现了一个新的与传统的婚姻家庭制度并行的"另类的"二人共同生活模式——PACS。PACS 的引入是极具开创性的全新尝试，它使法国的二人共同生活模式分为婚姻、PACS 和同居三个层次。

根据 1999 年 11 月 15 日第 99-944 号法令，《法国民法典》人法卷增添最后一编第 12 编"紧密关系民事协议与同居"，该编分"紧密关系民事协议"（PACS）与"同居"两章。① 法国的非婚同居伴侣可以选择登记为 PACS 这种新型的家庭关系，或不登记同居。据《法国民法典》第 515-1 条，"紧密关系民事协议"是指两个异性，甚至两个同性的成年自然人之间为组织共同生活而订立的协议。可见，两个异性，或两个同性的成年自然人均可缔结该协议而受法律保护。但法律不得解释为"由紧密关系民事协议约束的双方伙伴"一般地都视为"已经结婚的人"。已婚者和订立紧密关系民事协议的人是法律地位不同的两类人。因此，并非所有情况下都依平等原则对他们给予完全一致的对待（最高行政法院，2002 年 6 月 28 日）。"紧密关系民事协议"中的"共同生活"的概念按照第 515-1 条至第 515-4 条之规定，并经议会辩论进一步明确，这里所指的"共同生活"的概念，并不仅仅包含（两伙伴之间的）"利益共同制"，并不仅限于要求两人

---

① 据罗结珍翻译的《法国民法典》（上册），第 12 编的标题为"紧密关系民事协议与同居"，分为两章。第一章"紧密关系民事协议"（第 515-1 条到 515-7 条），第二章"姘居"（第 515-8）而非"同居"。这里的"姘居"与我国婚姻家庭法理论所说的"姘居"内涵有区别，也有相似之处。二者的区别，如第 515-8 条确定的姘居定义是指作为夫妻在一起生活的异性或者甚至同性的两人之间，由具有稳定性与持续性的共同生活体现的事实上的结合。可见，对没有婚姻关系也不存在"紧密关系民事协议"的当事人，他们之间的状态具有类似于婚姻关系的"特定的稳定性"、众人所共知的生活与利益上的共同制、不承担婚姻的忠实义务等立法内容实为法律认可的事实上同居（或称自由同居），而不是"姘居"。同时，《法国民法典》认可婚外同居，如"已婚且有子女的妇女，知道其情人也已经结婚并且有数个婚生子女（仍与之姘居），此种事实并不足以剥夺该女子对其情人因过错行为致其受到之损害请求赔偿的权利（最高法院第一民事庭，1990 年 5 月 15 日）"的规定实为"姘居"，且与我国婚姻家庭领域的立法理念、确立的原则相悖。因而译文中有"姘居"与"同居"两种不同的表述，就不难理解。见《法国民法典》（上册），罗结珍译，法律出版社 2005 年版，第 430～437 页。

"简单地在一起居住";"共同生活"意味着,除了有共同的居所外,两人之间有"夫妻"生活,而正是基于此种"夫妻"生活,立法者才规定了有关此种协议的无效原因。此种协议的无效原因,有的是接过了"旨在防止乱伦的、有关不能结婚"的规定,有的则是为避免违反因婚姻而产生的忠诚义务所做的规定(宪法委员会,1999年1月9日)。

"紧密关系民事协议"缔结的实质要件即必须具备和排除的要件,除当事人双方必须有自愿真实的合意、完全的行为能力外,《法国民法典》第515-2条还规定了以下排除或禁止性要件:(1)直系的尊血亲与卑血亲之间,直系的姻亲之间以及直至并包括第三亲等在内的旁系亲属之间;(2)两人中的任何一人不得有婚姻关系;(3)两人中任何一人不得订立有紧密关系民事协议。从该条规定的不得订立紧密关系民事协议障碍的性质来看,与阻止结婚之理由相同,这一条所规定的无效事由只能是绝对无效(宪法委员会,1999年11月9日)。同时,还有两方面要求:(1)《法国民法典》第515-4条明确了相互的实际的帮助义务:受紧密关系民事协议约束的两伙伴要相互给予实际的帮助;此种帮助的方式由紧密关系民事协议确定;两伙伴对其中任何一人为他们的日常生活需要以及与他们的共同住房有关的费用向第三人承担连带责任。强调两伙伴之间相互的、实际的帮助应作为一种义务(责任)对待,由此而言,必然意味着"任何违反此种帮助所具有的强制性的条款"均无效;在所订立的协议中没有作出规定的情况下,如发生争议,应由合同法官按照订立协议的两伙伴各自的状况确定进行此种相互的实际的帮助之方式(宪法委员会,1999年11月9日)。(2)《法国民法典》第515-5条明确了两人的财产制度:紧密关系民事协议的伙伴双方应在第515-3条第2款所指的协议中指明他们将对在紧密关系民事协议订立之后有偿取得的动产家具实行共有财产制度,非如此,推定这些家具为两人对半共有;在取得这些家具的日期不能确定的情况下亦同;在紧密关系民事协议订立之后,两伙伴有偿成为所有权人的财产,如取得财产或订购财产的文书没有作出另外的规定,亦推定其为两伙伴对半共有;在不能排除第515-5条所规定的共有时,即可适用《民法典》第815条之规定,特别是第815条有关"任何人都不受强制实行财产共有"的规定,以及第817条有关债权人权利的规定;但是,对于动产家具,双方当事人在原始协议或者变更协议中可以决定,对于其他财产,可以在取得或者认购文书中决定,适用《民法典》第1873-1条规定的约定共有制度(宪法委员会,1999年11月9日)。

"紧密关系民事协议"缔结的形式要件即方式或程序方面的要求。《法国民法典》第515-3条作了规定:(1)订立紧密关系民事协议的两人,应向他们确定共同居所所在辖区的初审法院书记室作出共同申报;提交他们所订立的协议,一式两份,并附有民事身份材料以便按照规定确认文书的有效性;应提交他们出生地的初审法院书记室出具的证明,或者如两人中有人出生于国外时,应提交巴黎大审法院书记室出具的证明,以证明他们已经受紧密关系民事协议的约束,非如此,所提交的申报不予受理。(2)在当事人提交前述材料之后,法院书记员将所提交的声明登记于登记簿;法院书记员在两份声明上签字并注明日期,将其返还申请人各执一份;所提交的声明应在两当事人出生地的初审法院书记室备置的登记簿上作出记载,或者在当事人出生于国外时,应当在巴黎大审法院书记室的登记簿上进行记载。所提交的声明亦在当事人的居所地法院的登记簿上进行登录,即告赋予该协议以确定的日期,并使之产生对抗第三人的效力。(3)对紧密关系民事协议进行任何变更,都必须由当事人提交共同声明,并在接受原声明的法院书记室进行登录,一式两份,附于原声明;记载变更协议事项的文书要履行规定的手续,否则无效;订立紧密关系民事协议的两人中至少有一人是法国人时,在国外登录他们之间提交的共同声明以及规定的手续以及在变更此种声明时应当履行的手续,均由法官外交与领事人员为之。

"紧密关系民事协议"的终止。(1)"紧密关系民事协议"终止的原因与程序。《法国民法典》第515-7条规定:如紧密关系民事协议的双方当事人一致决定终止他们之间订立的协议,应向至少其中一人的居所所在辖区的初审法院书记室提交共同声明,法院书记员将此声明登记于登记簿并予以保管;如只有一方伙伴决定终止紧密关系民事协议,应向另一方送达其决定,并将此送达文书的副本寄送至接收协议原本的初审法院书记室;当紧密关系民事协议的当事人之一决定重新结婚而终止所订协议时,应经送达途径通知对方伙伴,并将送达文书的副本以及出生证书的复印本寄送接收协议原本的法院书记室;送达文书应写明再婚;如果紧密关系民事协议至少因一方伙伴死亡而终止,健在的一方或者任何有利益关系的人,均可将死亡证书寄送接收协议原本的初审法院书记室;法院书记员接收前款所指声明或文书后,在原来的紧密关系民事协议的正文之后作出记载,同时将此记载转录于第515-3条第5款所指的登记簿;在国外接收、登录、保管本条前4款所规定的声明或文书,由法国外交与领事人员为之,并由他们进行前款所规定的记载。(2)"紧密关系民事协议"终止经营财产的处理。《法国民法典》第515-6条规定:在解除紧密关系民事协议的情况下,第832条之规定适用于此种协议的双方当事人,但是,有关农产经营之全部或一部的规定以及此种经营事业的共有份额或股份的规定除外。(3)紧密关系民事协议的双方伙伴自行决定对由此种协议产生的权利与义务进行清算;在达不成协议的情况下,由法官就终止此种关系的后果作出审理裁判,且不影响对可能受到的损害的赔偿。(4)"紧密关系民事协议"终止的时间分为:①双方当事人一致决定终止,共同声明于该协议原本上进行记载之时;②一方当事人决定终止按照第2款之规定进行送达之后3个月,但以向该款所指的法院书记室送达文书的副本为保留条件;③在伙伴之一再婚或者死亡之日。

法国的"紧密关系民事协议"确定的身份关系有别于婚姻,但为个人生活提供了一种可选择的法律认可的方式。它与婚姻的区别表现在:(1)身份关系的成立不同。虽然二者在实质要件上有相同之处,但"紧密关系民事协议"既可以适用于异性伴侣,也可以适用于同性伴侣,而婚姻则只能是异性结合;二者在形式要件上的差异,"紧密关系民事协议"在初审法院登记,无仪式要求,而婚姻需要经过结婚公告等程序,并在当事人有住所或居所的市政行政区的户籍官员前公开举行仪式。① (2)法律效力不同。缔结婚姻在当事人之间形成人身关系及此基础上的财产关系效力法律做了全面规定,而因"紧密关系民事协议"在当事人之间形成人身关系及此基础上的财产关系效力法律做了有限规定,如不存在相互忠实的法

---

① 《法国民法典》第165条至第166条规定,载《法国民法典》(上册),罗结珍译,法律出版社2005年版,第171页。

定义务,这种协议只是个人对个人的合同,不产生家庭联系和类似姻亲的亲属关系,大部分权利义务都可以由当事人的协议确定等。(3)身份关系的解除不同。《法国民法典》第六编共五章对离婚的各种情形、离婚的程序、离婚的后果、分居,以及有关离婚与分居的法律冲突等做了具体的规定;而"紧密关系民事协议"的解除程序宽松,可通过双方合意解除或单方决定后三个月自动解除、结婚则当然解除,解除后果简单,即不涉及经济扶养或补偿问题。

根据1999年11月15日第99-944号法令,《法国民法典》人法卷增添最后一编第12编"同居"(或"姘居")章,立法内容简单,除明确了其定义与条件外,主要是限制规定。如《法国民法典》第515-8条规定:姘居是指作为夫妻在一起生活的异性或者甚至同性的两人之间,由具有稳定性与持续性的共同生活体现的事实上的结合。条件:(1)"稳定性"即自由结合,只有在姘居者之间的状态具有类似于婚姻关系的"特定的稳定性"时,才能产生特定的法律效力;(2)众人所共知的姘居关系即姘居者之间生活与利益上的共同制,意味着他们之间存在第三人都知道的稳定的婚外关系;(3)同居(或姘居)的主体没有限制,即不要求姘居者必须是异性,同性也可以。排除婚姻规则:如没有婚姻中名誉损害、夫妻忠诚义务的要求,双方分担生活负担(没有任何法律条文对姘居者分担共同生活费用开支作出规定,在双方当事人没有作出明文约定的情况下,双方都应当承担日常生活开支)。

利益上的共同制包括:(1)个人超额负债——与他人姘居的男子一方有恶意,足以剥夺其享有"个人超额负债程序"之利益,但是,此种恶意不是与之姘居的女子提出相同请求不予受理的原因(最高法院第一民事庭,1997年2月27日)。(2)保证——与一商人姘居的人作为保证人时,法院承认其(在此保证中)有个人的财产利益,参见最高法院商事庭1997年4月22日判决。(3)社会保险——向与他人姘居的女子支付的"孤儿补助金"、"单一工资补助金"以及"住房补助金",持续与其在一起姘居生活的男子本人以及由其负担抚养义务的子女从中获得利益时,可以向该男子要求偿还(最高法院社会事务庭,1981年7月1日),法院判决拒绝对姘居者适用《社会保险法典》第242条第8项就配偶所做的推定(最高法院社会事务庭,1984年1月18日)。(4)选举权——《选举法典》第11-2条为配偶利益所做的规定,不得扩张适用于在一起姘居生活的人(最高法院第二民事庭,1981年3月12日)。

姘居关系的中断立法内容:(1)责任原则即中断姘居关系,本身并不构成"可以产生请求损害赔偿之权利的过错"(最高法院第一民事庭,1978年1月31日),如丈夫终止离婚程序并与妻子实行和解,对该人的情妇而言,此种行为本身并不构成过错行为(图卢兹,2001年1月23日)。(2)损害赔偿的理由必须有过错。例如,姘居的男子鼓动与其姘居的女子搬家并离开工作岗位,同时禁止该女子参加工作并明文许诺承担供养义务,但随后该男子结婚并抛弃与之姘居的女子,属于有过错(最高法院第一民事庭,1977年11月29日);已婚且有子女的妇女,知道其情人也已经结婚并有数个婚生子女(仍与之姘居),此种事实并不足以剥夺该女子对其情人因过错行为致其受到之损害请求赔偿的权利(最高法院第一民事庭,1990年5月15日)。(3)事实公司。两个没有结婚的人,表面上像夫妻一样,但仅仅是在一起同居,即使同居时间很长,仍不足以在他们之间产生一种公司关系(合伙关系)(最高法院商事庭,1970年6月30日)。成立事实公司,还要求当事人有"参加公司(合伙)的意思表示",特别是要求有"参与分享利润和负担亏损"的意思。此种意思不得推定。本案法官自主评判是否存在此种事实公司的证据(最高法院第一民事庭,1985年3月5日)。(4)普通法的规则。一是占用住房的补偿金——姘居男子在与一女子姘居期间,让该女子占用住房,不能产生(要求其)支付住房补偿金(的权利)(最高法院第一民事庭,1998年6月16日)。二是证据规则——将资金交给某人,并不足以证明该人有偿还其收受的资金的义务;姘居者一方证明自己为其情人取得不动产将价金支付到公证人之手中,应当提出其主张的(情人)借贷合同的证据(最高法院第一民事庭,1978年5月17日)。三是占有——本案法官认定,姘居者一直共同生活在一处房子里,从中正确推断他们(对此不动产)的占有属于"身份不明确的占有"(不明确谁是所有人),并不能使其中任何一人因时效取得该不动产的所有权(最高法院第一民事庭,1977年12月7日)。四是共有——如果在取得财产的文书中并无具体说明,在一起姘居的人共同取得一项财产,被视为对半享有该财产的所有权,这一推定得依相反证据推翻(最高法院第一民事庭,2001年2月6日)。① 从上述规定可以看出,立法上虽然赋予当事人同居的自由,但没有实体性的法律规则进行保护,这种自由实质上不自由,因同居所产生的诸如弱者利益无法保护,未婚同居一方当事人随时可以与他人缔结婚姻或"紧密关系民事协议",同时认可婚外同居的立法价值与我国婚姻法的基本原则相抵触,表明立法缺漏及借鉴意义不大。

第四节　德国民法中的同居婚、生活伴侣关系法及同性人结婚权利的法律

德国对同居身份关系的法律保护,体现在民法中的同居婚、《生活伴侣关系法》及《关于同性人结婚权利的法律》的规定。

德国民法几经修改,但对婚姻的成立始终采取严格的形式婚主义。对异性非婚同居关系的处理,据德国《民法》第1310条至第1312条规定,婚姻成立的形式要件是:当事人须先将婚姻事由呈报户籍官员,经公示催告,确定无各种婚姻障碍后,再履行一定的仪式,即当事人于户籍官员面前,为愿意结婚的意思表示,经户籍官员宣告后,当事人始为合法夫妻,婚姻于是成立。但对欠缺婚姻形式要件的事实婚姻,立法并没有持绝对的否认的态度。德国《民法》第1314条第2款规定,欠缺《民法》第1311条结婚形式要件的婚姻是可以撤销的婚姻。该《民法》第1313条规定,婚姻只可以由基于申请所做之法院判决予以撤销,婚姻随判决发生法律效力而解除。德国《民法》第1315条第2款第2项规定,违反本法第1311条的情形,如果"婚姻"双方在结婚之后以夫妻身份共同生活5年,倘若其中一人死亡则在此情形下至少共同生活3年;且在上述同居期间无一方申请撤销婚姻的,婚姻可排除撤销。显

---

① 《法国民法典》(上册),罗结珍译,法律出版社2005年版,第434~437页。

然,德国现行民法是通过两种途径对待事实婚姻:第一,事实婚姻是可撤销的婚姻,在婚姻被撤销前是受法律保护的;第二,同居达法定年限可转化为合法婚姻。同时,德国民法典中的家庭法在亲属章生活费义务一节中还有"对子女及其未相互结婚的父母的特别规定"。例如,推定母亲受孕期间与其同居的男子为子女的父亲,由法院确认父亲身份的,父亲对母亲的义务有:支付母亲因怀孕或分娩所产生的费用;支付母亲因此所致疾病而不能从业的情形所产生的费用;支付母亲因此而死亡的殡葬费用;支付因子女不能以其他方法得到照料致使母亲不能就业或就业受到限制的情形所产生的费用。同时,规定了父亲生活费义务的起止时间,明确了该种男女为亲属,即使在子女出生前父亲已经死亡或子女出生为死婴的情形下,上述生活费用的请求权仍然存在等内容。①

德国对同性非婚同居关系纳入立法调整的范畴,见于 2000 年 11 月 10 日德国联邦议会通过了有关同性恋者结为生活伴侣的"生活伴侣登记法"(Gesetz zur Eingetragenen Lebenspartnerschaft),该法律于 2001 年 8 月 1 日开始生效,共四章 19 条。其内容主要包括两部分:第一部分主要涉及同性恋生活伴侣的登记方式与程序,以及登记后同性恋生活伴侣关系的法律地位。原则上讲,同性恋伴侣可以直接到婚姻登记处登记,结为受法律保护的生活伴侣。登记所需的条件和登记的程序都与异性婚姻类似;登记后的同性恋生活伴侣在法律上也具有与传统异性婚姻类似的地位。但德国不叫"婚姻",而叫"生活伴侣关系",以此区别于传统异性婚姻。另一个重要部分主要是修改了 100 多个法律中的相关章节,将登记的同性恋生活伴侣的社会与法律地位落实到具体条文中,同时,规定伴侣双方的权利与义务。与传统异性婚姻一样,同性恋生活伴侣可以共同使用一个姓;互相具有抚养的义务,包括一方失业或丧失收入时,另一方就要担负起扶养的责任;相互享受医疗和护理保险;家庭、亲属关系与异性婚姻等同;双方对子女的教育有同等的责任与权力;在法庭作证时,有权拒绝作对伴侣不利的证词;死后,伴侣是法定的财产继承人。同性生活伴

---

① 何群:《同居关系的法律保护》,载《宁夏社会科学》2005 年第 3 期。

侣的一方为外国人的可以如同法定夫妻一样被允许来德团聚并在满足相应条件后允许入籍；同性生活伴侣如要分道扬镳则由家庭法院处理，并有得到抚养费的权利。此外，这项法律还规定，同性生活伴侣中某一方的未成年子女可与其共同生活，最初禁止同性恋者领养孩子，后来修改的法律允许同性生活伴侣收养伴侣以外的子女，但同性伴侣在税法上的扶养义务原理论上设想，收入高的伴侣每年最多可以将其收入中的40000马克转让给收入低的伴侣，这40000马克将从收入中减掉，而不必缴所得税（异性婚姻没有这40000马克的限制）。此条款至今在法律上并没有具体的规定。而异性婚姻在个人所得税法上，根据2005年10月1日《德国个人所得税法》（德文版）第10条第1款第1项的规定，异性婚姻当事人根据婚姻生活的实际开销，收入高的配偶每年可将其收入中的13805欧元转让给收入低的配偶，这13805欧元将从收入中减去，而不必缴纳所得税。①

婚姻观念的首次根本性转变发生在生活伴侣这一法律制度施行后。尽管德国在2001年实施了生活伴侣登记制度，但相较于婚姻制度，同性伴侣在诸多权利领域仍然遭遇歧视。鉴于社会变迁以及由此带来的婚姻观念的变化，人们没有可靠的理由以区别对待同性与异性伴侣并坚持性别相同为婚姻的障碍。联邦参议院在2013年3月22日就已经通过了《关于引入同性婚姻缔结权的法律草案》并提交至联邦众议院（193/13号文件）。其理由说明指出：(1)《基本法》第6条第1款规定的解释。《基本法》第6条第1款规定："婚姻和家庭受国家秩序的特别保护。"联邦宪法法院判决认为，依据这一规定及其他法规，婚姻得被作为制度加以保障。联邦宪法法院基于流传至今的生活方式、《基本法》第6条第1款的自由特质及其他宪法规范推导出一些框架性原则。这些具有根本意义的框架性原则决定着婚姻制度的建构，对此立法者必须予以尊重。但是《基本法》第6条第1款的婚姻不是被抽象地进行保护，而是被置于与法律规定明确表达的主流观念相一致的宪法形塑之中来保护的。据此，不同于《魏

---

① 何群：《婚姻、同居、生活伴侣关系辨析》，载《甘肃政法学院学报》2007年第3期。

玛宪法》将婚姻视作家庭的基础并强调婚姻的生育功能,《基本法》将婚姻作为独立于家庭的互助与责任共同体来予以保护。因此,没有子女的婚姻同样受《基本法》第6条第1款的保护。根据传统的婚姻观,婚姻双方的不同性别颇为重要。长期以来,这也成为《基本法》第6条第1款意义上婚姻的必要前提,因此同性伴侣关系被排除在婚姻概念之外。《基本法》通过时,同性恋被认为违反公序良俗,当时,将同性恋纳入《基本法》的歧视保护或者承认同性伴侣,都超出人们的想象而难以为各方所接受。直到1969年全面禁止男性同性恋的刑法规定被废除,法律实践才有所改变,社会上(对于同性恋)的丑化才逐渐减少。(2)民意至司法裁判至立法理念的巨大改变。根据最新的民意调查,绝大多数人支持开放同性婚姻。在1993年的一项裁判中,联邦宪法法院认为,尚未"有足够的理由证明婚姻观念发生了根本转变,以致性别不同对于婚姻不再具有决定性"。宪法法院因此拒绝依据宪法开放同性婚姻,而是委托立法者,迈出在法律上承认同性伴侣的步伐。其时并未排除:婚姻观念会在将来发生转变,以致同性婚姻成为可能。一段时间以来,已有足够的理由可以证明传统婚姻观念发生了根本转变,鉴于立法者的形成自由,这些理由使得在宪法上引入同性间婚姻缔结权成为可能。联邦宪法法院的判决认为,当法律规定并未涵盖的新的事实出现或者被归入整体发展的事实要件发生变化时,婚姻观念的意涵是可以转变的。如此,在宪法文本并未改变的情况下,宪法规范的含义可以发生转变。其界限在于宪法规范的意义与目的,也是它们允许了《基本法》第6条第1款的巨大价值变迁。《生活伴侣法》所追求的登记的生活伴侣双方与婚姻双方的同等法律地位也已在更多的法律领域得以实现。尽管如此,联邦宪法法院很迟才对已然存在的不平等对待表示不满。联邦宪法法院分别于2013年5月7日以及2013年2月19日判定,由于个人所得税法上"夫妻分开纳税"(Ehegattensplitting)所导致的对已登记生活伴侣与婚姻双方的区别对待以及禁止其他生活伴侣继续收养已被已登记生活伴侣领养的孩子的做法违宪。联邦宪法法院的这些裁判是对那些区别对待登记的生活伴侣和婚姻双方的法律规定的否定。(3)立法态度的改变。2009年7月17日颁布的《变性法修改法》(BGBl. I, S. 1978)促进了上述婚姻观念的转变。立法者通过删除《变性法》第 8 条第 1 款第 2 项以允许同性婚姻。因此认为,在德国早就已经存在合法的同性婚姻了。(4)联邦宪法法院接受社会的变迁。在解释《基本法》第 6 条时,联邦宪法法院总体上认识到而且也完全接受了社会的变迁。所以联邦宪法法院驳回了施魏因富特地方法院要求进行违宪审查的递呈。在这一递呈中,施魏因富特地方法院的论述核心是,《基本法》第 6 条第 2 款第 1 句意义上的父母不能是同性的生活伴侣,因为该地方法院认为,宪法所提到的父母的"自然的"权利显然不为同性群体所拥有。对此联邦宪法法院扼要地解释道:"且不说该法院既未理解《基本法》第 6 条的历史沿革及可能从中推导出的亲权主体的结论,也未理解基于《基本法》第 6 条解释的、影响力日增的'父母'法律观念的可能转变,该法院还未对联邦宪法法院的判决以及文献中有关谁是亲权主体这一问题的代表性观点予以深入研究。"此外,联邦宪法法院在其后的判决中指出,与法律上及"社会—家庭"意义上的父母相比,血亲父母并无任何优先地位。这也表明了社会变迁是如何对《基本法》第 6 条的解释——也包括对立法者的决定——产生影响的。在家庭关系及父母关系的概念中存有可能的,也应在婚姻上是可能的。如果施魏因富特地方法院尚能确切地在 19 世纪为其解释寻找到支持者的话,那么现今这种情况根本不存在。(5)最后指出,其他国家的法律进一步表明,要求婚姻双方性别不同的观念早已落伍;在西方所有国家的历史上,性别不同是婚姻的基础,但是他们仍得出下述结论:将同性伴侣排除在婚姻之外,违背尊重私人自治及法律面前人人平等的宪法原则。[①]

德国《关于同性人结婚权利的法律》2017 年 10 月 1 日生效。早在 2015 年,经由联邦参议院审议通过的《关于引入同性婚姻缔结权的法律草案》及理由说明即已递交至众议院。经过多方讨论,该草案于 2017 年 6 月 30 日正式通过。实际上,众议院对参议院所提交的草案未作任何变动即表决通过。主要内容:(1)婚姻的定义。《德国民法典》第 1353 条第 1 款第 1 句对婚姻的表述是:"婚姻系由两个异性或同性

[①] 《德国同性婚姻法草案》,王世杰、段沁译,http://www.calaw.cn,访问日期:2017 年 10 月 10 日。

的人为终生而缔结。"(2)外国人缔结同性婚姻的限制。《德国民法典》第1309条增加第3款:"(3)第1款不适用于希望缔结同性婚姻但其本国不允许缔结同性婚姻的人。"表明婚姻当事人所属国不允许缔结同性婚姻的,在德国不能适用同性婚姻法缔结该婚姻。(3)生活伴侣关系转化为婚姻关系,生活伴侣双方同时到场并彼此亲自声明愿意终生缔结婚姻关系的,其生活伴侣关系转为婚姻关系;该项声明不得附条件或附期限;声明在户籍登记官员面前作出后生效。(4)生活伴侣关系转变为婚姻关系后,双方的权利和义务仍以生活伴侣关系成立之日为起算日;《关于同性人结婚权利的法律》生效后,不再成立生活伴侣关系。可见,对于同性同居的法律保护,已登记成立的生活伴侣关系依然有效,但可以转变为婚姻关系;但《关于同性人结婚权利的法律》生效后,不再成立生活伴侣关系,只能是同性婚姻关系。(5)涉外生活伴侣关系或同性婚姻的法律适用规定。《民法典施行法》第17b条登记生活伴侣关系和同性婚姻:一是登记生活伴侣关系的成立、一般效力和财产法效力及其解散,适用登记簿所属国实体法律规范。离婚后的扶养费补偿适用第1句所确定的法律;只有当准据法是德国法时以及生活伴侣双方在申请解除生活伴侣关系的请求被受理期间国籍国法律承认生活伴侣之间的扶养费补偿时,该补偿方能进行。此外,扶养费补偿根据生活伴侣一方的申请也可以依据德国法律进行,只要伴侣一方在生活伴侣关系续存期间已经在某一国内的扶养费支付人那里取得了一项权利,除非考虑到双方共同生活期间各自的经济状况,进行这种扶养费补偿有悖于公平原则。二是《关于同性人结婚权利的法律》第10条第2款和第17a条亦应适用。如果生活伴侣关系的一般效力适用另一国家法律,则对于位于德国境内的动产适用《登记生活伴侣关系法》第8条第1款,对于在境内实施的法律行为适用《登记生活伴侣关系法》第8条第2款,并同时适用《德国民法典》第1357条,只要这些规定比外国法律对善意第三人更为有利。如果某一登记伴侣关系的物权效力适用外国法律并且登记伴侣一方在国内有惯常居所或者在国内实施了某一行为,则适用《登记伴侣关系法》第7条第2句并同时适用《德国民法典》第1412条;外国的财产制具有合同效力。三是如果相同的两人在不同国家登记了数个生活伴侣关系,则最后成立的生活伴侣关系从其成立之时起承担《民法典施行法》第 17b 条第 1 款所规定的效力和后果。四是《民法典施行法》第 17b 条第 1 款至第 3 款的规定也相应适用于同性婚姻。(6)《德国民法典》第 1309 条外国人的婚姻能力证书。一是如果根据《民法典施行法》第 13 条第 2 款,某人的结婚条件受外国法律的支配,则在该人提交一份其本国内务部门的证书以证明依照该国法律不存在结婚障碍之前,不得缔结婚姻。依照德国与当事人本国之间订立的条约所规定的机构出具的证明书可以作为内务部门证书。如果在证书出具之后 6 个月内没有结婚,则该证书失效;如果该证书规定了一个更短的有效期限,则以其为准。二是结婚登记机关住所所在辖区的州高等法院院长可以发布命令免除《民法典施行法》第 13 条第 1 款第 1 句所规定的要求。这种免除命令只能针对惯常居所位于外国的无国籍人以及那些不能出具第 1 款意义上的婚姻能力证书的国家的国民而发布。特殊情况下也可以向其他国家国民发布。免除命令有效期为 6 个月。三是《民法典施行法》第 13 条第 1 款不适用于那些希望缔结同性婚姻,但是其本国法律不允许缔结同性婚姻的人。①

第五节　澳大利亚的事实伴侣关系法与判例

　　1984 年新南威尔士州制定并颁布了《事实伴侣关系法》,该法是其他州和地区立法的典范和效仿的对象,在主要内容上各州差别不大。澳大利亚的《事实伴侣关系法》的主要内容:(1)事实伴侣的定义。南澳大利亚州《事实伴侣关系法》规定:事实伴侣是一男一女之间像夫妻一样居住在一起共度真正的家庭生活,尽管他们没有缔结法律上的婚姻。北部地区《事实伴侣关系法》规定:事实伴侣是双方之间没有缔结婚姻但却有着像

---

① 德国《关于同性人结婚权利的法律》,杜涛译,载华政国际私法评论微信公号,2017 年 11 月 5 日。

第三章 现代同居事实身份关系的法律保护

婚姻一样的关系。而且不论双方是异性还是同性。可见,对事实伴侣的主体南北有差异,前者限于异性;后者则既可以是异性也可以是同性。(2)事实伴侣的标准。在 Roy 诉 Sturgeon(1986)中,Powell 法官确立了10个考虑因素。这些因素主要包括:同居关系的持续时间;共同居住的性质和程度;是否存在性关系;经济上相互依赖的程度,以及双方扶养的安排;财产的所有权、使用和取得;生育子女;照顾和抚养子女;家庭义务的履行;相互承担义务和相互扶养的程度;同居关系的公开和公开的名义。在澳大利亚,其他法官在审判时一般都会援用 Powell 法官在 Roy 诉 Sturgeon 案中确立的考虑因素。一般来说在上述因素中,最为重要的是双方当事人关系持续的期间。如一些州的制定法对伴侣关系持续期间有明确的要求:新南威尔士州规定为2年,南澳大利亚州则为3年。但如果当事人之间的同居关系持续期间没有满足制定法的要求,并不绝对导致事实伴侣关系的不存在。如果双方当事人有子女或是申请人将遭遇严重的不公正(由于对双方的关系作出了重要的贡献),也存在例外情形。(3)事实伴侣关系的成立。事实伴侣关系的成立须有同居协议。何谓同居协议?新南威尔士州《事实伴侣关系法》第四部分第44条有规定,同居协议又被称为"家庭关系协议",即两个人之间的协议,而不论是否涉及第三人。该协议是打算同居的当事人对有关经济事项进行安排而订立的协议,并且也不排除当事人就其他事项订立协议。公共政策中有关保护婚姻中妻子扶养权的规定不适用于伴侣关系协议,也就是说伴侣关系协议可以订立与公共政策不同的内容,但是法官拥有的有关监护、扶养、对孩子的探望等事项的司法权不受协议的影响。事实伴侣关系协议的订立要遵守《合同法》的规定。新南威尔士州《事实伴侣关系法》第47条规定了协议的成立要件:一是协议必须是事实伴侣关系当事人双方订立;二是协议必须是书面形式;三是在签订协议前双方当事人必须请律师加以审查。律师应对该协议有关条款提供法律建议,通过审查后律师须签署自己的姓名并附于协议之后。南澳大利亚州1996年《事实伴侣关系法》第二部分也规定了同居协议,但比新南威尔士州更简洁,协议的成立要件仅仅是书面协议并经过当事人签署即可。(4)事实伴侣关系解除时财产利益调整的条件与原则。依据新南威尔士州《事实伴侣关系法》,事实伴侣关系解除时,当事人可以向法院起诉要求调整他们之间有关财产的利益。申请调整财产利益的条件:一是双方当事人或其中一人在申请时居住于新南威尔士州,在他们的关系实际持续期间居住于此地,实际持续期间至少是他们伴侣关系持续期间的 1/3,或者当事人彼此之间的实质性贡献是在此地作出。二是双方当事人同居的时间不少于 2 年;当事人中一方为另一方作出了本法所规定的贡献以至于不对他们的财产利益加以调整,则一方当事人得不到足够的补偿;原告为被告照顾孩子;若法院不受理则对一方严重不公。三是关于申请调整财产利益期间,该法规定,申请必须在当事人之间关系结束后 2 年之内提起。原则:法院接受申请后要作出财产调整令,对当事人之间的财产利益作出公正和公平的分配。尤其是考虑到女性在家庭中的传统角色,她们在事实伴侣关系中也如同在婚姻关系中一样,往往处于家庭主妇的地位,因此,基于公平原则,应当在同居双方之间公平地分配同居期间所得的财产。新南威尔士州《事实伴侣关系法》对此作了专门的规定,财产利益的调整需要考虑的事项包括当事人为他们双方财产或者其他经济资源的获取、保管、增值所做的直接或者非直接的贡献;当事人所做家务、抚养孩子等贡献。(5)事实伴侣关系解除后当事人之扶养义务。澳大利亚各州的一般原则是,事实伴侣关系双方没有相互扶养的权利和义务,不得在关系终止时请求对方扶养,但是许多州都规定,持续时间 2 年以上的事实伴侣关系终止时,如果一方要抚养未成年子女或收入不能维持当地正常生活水平的,可以向法院申请扶养令,要求对方扶养。塔斯曼尼亚州、西澳大利亚州、北部地区以及澳大利亚首都地区称之为事实伴侣享有的"有限的配偶扶养权"。新南威尔士州《事实伴侣关系法》规定了事实伴侣关系当事人申请扶养令的内容,这与夫妻之间是不同的:

一是申请扶养令的两种法定情形。由于抚养和照顾双方在事实伴侣关系期间所生的孩子或者被申请者的孩子,申请者经济上不能自足;由于事实伴侣关系对申请者收入能力的不利影响导致申请者经济上不能自足。二是扶养费数额的确定。法院在确定扶养费数额时应考虑的事项包括:事实伴侣关系当事人的收入、财产、经济利益(包括当事人一方获得的退休金、津贴或者获得这些经济利益的资格)以及当事人获得良好收入的个人能力;当事人一方的经济需要和义务;当事人承担的供养其他人的责任;申请人抚养和照顾孩子的费用。三是临时扶养费。在申请扶养费的当事人需要即时的经济帮助,但是法院还未确定是否颁发扶养令时,法院可以要求被告先行支付一定数额的金钱。这类似于我国民事诉讼中的先予执行。四是扶养令的变更。在受扶养人的情形发生改变,或支付扶养费的一方当事人的情形发生改变,或生活费用发生了某种改变这三种情形下,法院可以撤销、变更扶养令,对扶养费加以调整。五是扶养令的终止。扶养人、受扶养人死亡,受扶养人结婚或者再婚,扶养令将终止效力。受扶养人必须把结婚和再婚的时间通知扶养人。通知到达后则扶养令效力终止。如果受扶养人没有及时通知,那么受扶养人在结婚和再婚期间所接受的扶养费将成为其债务,必须偿还给扶养人。①

与"有限的配偶扶养权"相关的是事实伴侣之间的"有限的配偶继承权"。一般原则是事实伴侣双方没有法定的相互继承权,但许多州承认事实伴侣享有"有限的配偶继承权。"例如澳大利亚新南威尔士州规定,如果事实伴侣一方死亡且没有双方所生子女之外的其他子女,生存伴侣享有与生存配偶一样的法定继承权,但仅限于一方死亡前持续时间在两年以上的事实伴侣关系。

以追求良心和正义而著称的衡平法的主要产物——英国的信托制度为澳大利亚全面继受。在澳大利亚有两个重要判例确立了非婚同居关系中适用的信托原则。

第一个案例:1985 年 Muschinsi v Kodds 案,确立了法院可以依据衡平法原则或适当的类比认定默示信托的存在。基本案情:Muschinsi 小姐和 Kodds 先生从 1972 年开始在 Kodds 先生的房子里同居,当时双方都还与他人存在婚姻关系。两人于 1976 年购置了一块地产,打算对该地产上的原有房屋加以装修,用作艺术陈列馆,并在地产上另建一座小屋,供两人居住之用。Muschinsi 小姐出资 2 万澳元购买地产,Kodds 先生准备出资 9000 澳元用于房屋建设和装修。Kodds 先生预计的资金来源

---

① 陈苇、高伟:《我国事实婚姻制度之重构——澳大利亚的〈事实伴侣关系法〉的启示》,载《法学杂志》2008 年第 2 期。

是,他能够从即将离异的婚姻关系中得到的财产分割份额,加上银行贷款。他还希望找到工作后,能出更多的资金。在咨询律师后,地产以按份共有的形式记在二人名下,两人各占一半份额。此后,地方政府没有批准他们的建房计划。Kodds 在原婚姻关系终止时的财产分割中得到 3500 澳元,这笔钱大部分都花在了两人度假上。而且 Kodds 没有马上找到工作,两人关系迅速恶化。1980 年,Muschinsi 向新南威尔士州高级法院衡平法庭提出申请,要求法庭宣布她是整块地产的受益所有人。她提出,Kodds 是为了她的利益拥有地产的一半份额,因此构成信托。审理本案的迪恩法官根据 Atwcodv Maude(1868)案,类比有关合伙或合资企业成员的权利义务原则,裁定当合伙或合资企业失败时,如果当事人没有相关合同约定,而且无人为失败负责,当事人保留失败时各自占有的资产是不道德的,因此 Muschinsi 有权要求法院认定默示信托给予衡平法救济当初地产以各自 50% 份额的共有形式归于两人名下,是以 Kodds 承诺出资 50% 为条件的,后来 Kodds 没有完全兑现他的承诺,Muschinsi 可以根据衡平法原则提出请求。最终,最高法院判决认定了默示信托的存在,双方按出资比例分享地产。

另一个重要判例是彭加纳诉彭加纳案,它肯定了女方的间接贡献与男方的直接贡献具有同等价值。基本案情:男女双方于 1978 年相识后几个月开始在男方住处同居,但两人的关系不稳定,在同居的 4 年期间,先后分开七八次。尽管如此,女方把自己的名字改随男方,而且他们还计划生育子女,孩子于 1980 年出生。同时,双方计划购买另一处地产用于为家庭建一座新房子。后来,他们以出售原有财产的资金购买了新房产,登记在男方名下,又用抵押贷款的资金建造新房。在双方同居期间,女方一直有自己的工作,只在生孩子时中断了 3 个月。女方每周都把工资交给男方,由男方负责安排偿还贷款等经济事务。1982 年,双方同居关系破裂,女方带着孩子和部分家具离开了住宅,并向法院申请平等分割家庭财产。澳大利亚最高法院的法官首先以 Muschinsi 案为指导,运用迪恩法官所阐述的原则认定了非婚同居伴侣之间的信托。3 位法官在彭加纳案中的观点是:"这个案件是当事人为了他们共同关系的目的而积累他们的收入,共同关系的目的之一是保障他们自己和子女的生活起居。他们通过共同努力(包括金钱的和其他方面的)获得土地、建设房子、购买家具和装饰他们的家,这些都是以共同关系为基础的。在这种情况下,男方主张在关系解除后,地产(部分款项来自共同积累的资金)是他个人所有的财产及财产利益,而排除女方的一切权益,这显然是不公平的,衡平法应加以干预,并赋予女方推定信托。"该案的重要之处在于,法官考虑了女方为购房所作的贡献,包括直接贡献和间接贡献。Gaudron 法官阐释了以偿还抵押贷款形式所作的直接贡献,和以操持家务等形式所作的间接贡献,与直接付款形式的直接贡献具有同等价值。彭加纳案的法官对一些重要法律概念和法理的权威性阐释,使该案的意义超出了案件本身,成为最高法院一个里程碑式的判例。①

第六节 日本判例认可同居配偶享有损害赔偿请求权

日本新旧民法都采取严格的形式婚主义,规定结婚须依户籍法规定进行申报始发生效力(日本新《民法》第 739 条第 1 项),未进行申报的婚姻为无效婚姻(日本新《民法》第 742 条第 2 项)。但自旧亲属编规定以来,学说及判例均对事实上的夫妻及其所生的子女,予以相当的法律后果。大正四年日本法院有著名的婚姻预约有效的判决。这一判决解决的是在姘居关系中,被夫任意撵出的妻是否享有损害赔偿请求权问题。这里的所谓姘居,即未进行登记的事实婚姻。关于这一案件,当时日本法律界认为,姘居,在事实上或者社会上已成为夫妻,虽然不能强制对方进行登记以成为法律上的夫妻,但是一旦加入姘居关系,即可视为将来登记为正式夫妻的一种约束,如违约将妻撵出,应作为一种债务不履行承担损害赔偿责任。战后,昭和三十三年的所谓姘居准婚姻判决,也认可了姘居关

---

① 王薇:《非婚同居关系法律制度比较研究》,西南政法大学 2007 年博士学位论文。

系中依不法行为提出的损害赔偿请求。在这一判决中,姘居被作为准婚姻看待,适用《民法》第 709 条关于权利侵害的规定。即使称不上严格意义的权利,属于法律上值得保护的利益也可以。因此当姘居关系被不当破弃的场合,当然可依不法行为取得损害赔偿。日本司法判例不仅于姘居关系(事实婚姻)不当破弃的情形下,对当事人的利益加以保护,而且,在日本下级审法院还广泛认可,在发生死亡损害赔偿的情形下,姘居关系的配偶有请求抚慰金的权利。日本《民法》第 711 条规定,发生死亡损害的情形,死者的父母、配偶、子女等近亲属,可以请求损害赔偿,特别是抚慰金。在交通事故等场合,发生了这样的问题,死者的姘居关系的妻能否作为《民法》第 711 条的配偶,请求抚慰金,即关于妻的规定可否类推适用于姘居关系的妻?有学者认为可以类推适用。日本下级审法院广泛认可类推适用。①

第七节 我国台湾、香港、澳门地区有关同居的法律、判例②

一、台湾地区判例认可同居配偶有赡养费请求权

我国台湾地区的所谓"民法"第 982 条第 1 项规定,结婚应有公开仪式及两人以上之证人。第 988 条规定,不具备第 982 条之方式者,婚姻无效。但在实务中,法官也通过判例对民事"立法"在对待事实婚姻所采取的僵硬立场加以缓和,对当事人提供适当的救济。台湾地区法院曾作出判决:男子与女子类似夫妻之结合关系,双方虽得自由终止,但男子无正当理由而终止者或女子因可归责于男子之事由而终止者,如女子因此而

---

① 何群:《同居关系的法律保护》,载《宁夏社会科学》2005 年第 3 期。
② 何群:《中国区际同居关系法律问题研究》,载《河北法学》2011 年第 9 期。

陷于生活困难,自得请求男子赔偿相当之赡养费。此点就男子与女子发生结合关系之契约解释之,当然含由此种约定在内。此后,台湾高等法院审理了一个关于年近六旬的黄女士与杨先生(妻子在日本)同居了近10年的案子。其间黄女士不仅照顾杨的母亲长达5年时间,而且在其母去世后,还以儿媳的身份操办葬礼,周围邻居也都称其为杨太太。但是2001年两人关系生变,杨要求黄女士搬离同居住处,并拒绝付给生活费,造成黄女士生活无着落。法院最后判决:男方应给予黄女士50万元新台币(4元新台币约合1元人民币)的赡养费。对此,台湾各界普遍表示了关注,并称其为"颠覆性"的"前卫"判决,因为这是台湾第一次对没有婚姻关系、实质上却过着婚姻生活的两人关系予以肯定。法院一方坚持认为,根据"家庭暴力防治法"的精神,承认"有实无名"的同居夫妻为"事实上夫妻",在终止同居关系后,对于生活困难的一方应付给赡养费。可见,台湾的判例针对个案还保护有婚姻关系者与他人同居。

二、香港以特殊契约关系保护未婚同居

在我国香港,《婚姻条例》规定,婚姻成立的形式要件为登记与仪式结合制,二者缺一不可。没有办理法定结婚登记的同居关系被视为无效婚姻,不产生夫妻身份关系,但对未婚男女,基于双方合意而发生的事实同居生活的行为,认可为一种特殊的契约。也就是说,"未婚同居"在香港以特殊契约关系得到了保护。

三、《澳门民法典》设专章规定了事实婚姻

在我国澳门,《澳门民法典》第1490条规定:"结婚须公开,且须按民事登记法律所定之形式为之。"同时,该法第1491条规定:"结婚时下列之人必须在场:结婚人双方,或与另一方之授权人;按照民事登记之法律规定具主持结婚行为职权之人;两名证人,但仅以民事登记法律有此要求为限。"同时,《澳门民法典》设专章规定了事实婚姻,且包括未婚同居与婚外同居形成的事实婚姻(对事实婚姻关系中一方已婚,其事实

婚姻关系确定的期限,须从其与配偶事实分居时起计算),即所谓的事实婚姻是指二人自愿在类似夫妻状况下至少生活 2 年,均为 18 岁以上,不存在绝对禁止性障碍和相对禁止性障碍者,其事实婚姻关系产生法典所规定的效力。

第八节 北欧国家的登记伴侣关系法、正式同居规则、同居(联合家庭)法[①]

北欧五国包括丹麦、瑞典、挪威、芬兰以及冰岛。由于北欧五国在历史上的趋同性、文化上的亲近性、语言上的相通性、人口发展和经济力量的均衡性以及不存在深刻的政治对立等原因,其法律制度也表现出一定的同化趋向。勒内·达维德教授将上述国家的法律制度视为一个整体,作为罗马-日耳曼法系的一个分支,称其为"北欧法系"[②]。

北欧登记伴侣立法最开始是迫于同性恋运动的压力,而不是异性同居伴侣认为现行婚姻制度不合理而要求另行登记。因此,它的适用对象是不能通过结婚获得法律认可的身份和家庭法保护的同性同居伴侣。同性登记伴侣立法是北欧国家针对同性同居最常见的法律对策。丹麦首先于 1989 年通过《登记伴侣关系法》,1993 年挪威、1994 年瑞典、1996 年冰岛、2001 年芬兰相继通过了类似立法。以丹麦的《登记伴侣关系法》为例,登记为同居伴侣的条件基本上与结婚相同,如当事人必须是成年人,不属于禁止结婚的亲属范围,伴侣关系具有排他性,当事人不能同时处于其他婚姻或登记伴侣关系之中;产生的法律效力涵盖几乎所有附属于婚姻的权利义务,包括共同财产制、继承权、保险利益、养老金权益、所得税减免、失业救济、社会福利等;双方必须在主管机关声明接受共同财产制

[①] 王薇:《非婚同居关系法律制度比较研究》,西南政法大学 2007 年博士学位论文。

[②] [德]K.茨威格特,H.克茨:《比较法总论》,潘汉典等译,法律出版社 2003 年版,第 416~417 页。

或作另行声明,伴侣关系的解除必须通过法定的离婚诉讼程序。法院可以判决一方家庭伴侣支付扶养费,或承担对方的税收责任。但是,同性登记伴侣在收养权、人工辅助生育权等方面受到一些限制:第一,登记伴侣一方必须是丹麦公民,或存在类似立法的国家的公民(如挪威、冰岛等),双方为外国人的,需在丹麦住满2年才可登记;第二,登记伴侣不得收养外籍儿童,伴侣一方可以收养对方的子女,但该子女是从国外收养的除外;第三,女性登记伴侣不得进行人工辅助生育;第四,登记伴侣最初不得在教堂举行婚礼,可在教堂祗福(祷告),现在同性伴侣也可以在教堂举行婚礼。

丹麦对登记伴侣关系立法以前的同居关系、没有登记的同居关系,以及不能登记的异性同居关系,其法律对策是承认"正式同居"。1968年8月丹麦正式同居及其解除法案第29条规定,男女双方年满21岁,同居达3年,其间无明显中断,任何一方都有权向当局申请承认其同居关系;正式同居关系的人,在所有法律领域内,具有与婚姻相同的法律效力。丹麦没有为非婚同居关系另行立法设置权利义务,符合正式同居条件的伴侣自动地承受婚姻的法律后果。

挪威针对异性非婚同居伴侣的法律,经历了从刑事法律禁止到社会普遍接受,到20世纪90年代前后法律变化的一个过程。1902年《挪威刑法》第379条规定了姘居条款,对所有同居者处以罚款或监禁。同居者是指"经检察机关警告还继续与异性共同生活,形成令社会愤慨的不体面关系的人"(第379条),但结婚可以使定罪和量刑无效(第214条)。刑法中的姘居条款最终于1972年被废除。姘居条款虽然存在了70年,但真正导致刑法处罚的姘居案件不多。挪威社会对同居的争议不大,非婚同居已被广泛接受为私人生活方式的选择。

针对家庭生活模式的改变和非婚同居者权益问题,挪威主要的法律变动发生在20世纪90年代。1996年儿童与家庭事务部部长任命了一个委员会,专门研究非婚同居问题,考察进一步平等对待已婚者与同居者的必要性。该委员会的指导性意见是,同居者应当被解释为"生活在稳定的类似婚姻关系中的个人"。委员会在提交的建议稿中没有对同居作出严格界定,但将法律调整对象限定为有共同子女的同居伴侣和共同生活

现代同居身份关系法律问题研究

2年以上的伴侣。1999年委员会提交了《同居与社会》的报告（NOU1999），详细描述了非婚同居者的法律地位，提出了一些建议：(1)在同居伴侣之间的财产关系方面，委员会没有建议同等对待非婚同居与婚姻，但它建议比照生存配偶给予同居伴侣遗产继承权。委员会强调同居伴侣自愿订立协议的权利，并提出了一些小的修改建议，以便更好地保护同居关系中的弱势方。如委员会建议法律规定非婚同居伴侣对对方财产状况享有知情权；有共同子女或同居时间持续5年以上的同居伴侣有权保留未分割财产；限制同居期间处分财产的权利；承认无偿劳动对同居生活的贡献。(2)在亲子关系方面，对于生育子女的同居伴侣，委员会建议简化父子关系宣告程序。如果已经宣告且子女父母生活在一起，那么自动取得共同监护权。委员会大多数成员还希望允许同居伴侣共同收养，无论是收养对方子女，还是没有任何关系的儿童。(3)在社会保障、养老金和税收方面，委员会建议无共同子女的同居伴侣，同居关系持续2年以上即可视同夫妻；在需要社会救济的情况下，把非婚同居伴侣视同夫妻；比照婚姻关系征缴继承税。总体上讲，委员会的建议在公法领域使同居者的地位更类似于婚姻配偶。在社保、养老金和税收问题上，决定性的因素是事实上的同居状态而不是正式的民事身份地位。一些建议使同居者享有的经济福利不如现在的政策。如建议同居者如果需要社会救济则视同夫妻。根据挪威的制度，社会救济可以由市政府自由裁量而授予，此前，如果同居者申请社会救济，视同单身者。单身者可以得到的社会救济多于已婚者。另一些建议是对同居者有利的。如建议有各自子女的同居伴侣，在同居持续2年后才能视同夫妻对待。这意味着与现行规则相比，他们将以单身父母的身份多领一年的过渡津贴。建议同居者适用与丧偶夫妻相同的继承税率，这也是对同居者有利的。委员会还建议进一步实现同居伴侣与已婚配偶的税收待遇平等。总之，委员会1999年提交的报告为非婚同居伴侣设计了一套更类似于婚姻的权利义务。委员会提出相关建议的基本理念是：充分尊重同居者自由决定个人伴侣生活形式的权利，使挪威法律平稳和务实地适应婚姻家庭模式的变迁，并且不完全抹杀同居伴侣与已婚配偶之间的区别。挪威立法者已遵循这一理念，通过了一部《联合家庭法》，适用于持续2年以上的同居者，以及已经有或正准备共同生育子女的同居者。

瑞典对于异性非婚同居伴侣和未登记的同性非婚同居伴侣有专门的"同居法",即 1987 年《同居(联合家庭)法》[the Cohabitees(Joint Homes)Act 1987]。该法开始是调整异性非婚同居关系的法律,1987 年《同性同居法》(the Homosexual Cohabitees Act 1987)规定《同居(联合家庭)法》也适用于同性同居。瑞典《同居(联合家庭)法》的调整对象是"类似婚姻(reminiscent)关系的同居伴侣"。这种同居关系的界定需要根据个案的具体情况而定。原则上判断是否形成"类似婚姻"关系需要考虑的因素包括:同居关系持续时间、性关系、共同子女、共同居住及日常消费的分担和协助情况。该法律的内容包括非婚同居伴侣的财产关系、亲子关系和社会福利等。(1)财产关系。《同居(联合家庭)法》规定的同居财产是指非婚同居伴侣为共同使用之目的取得的共同住房及其附属的家庭物品。在同居关系存续期间,同居伴侣一方未经对方同意不得处理同居财产。在同居关系终止时,同居财产扣除债务后由同居双方平均分割。住房和家庭物品一般由实际需要方占有,并在其财产份额中扣减相应价值。根据同居关系持续时间或其他相关因素,在平均分割财产不公平的情况下,同居伴侣一方可以适当多分财产。汽车、别墅、企业资产以及与奢侈活动相关的财产等,即使是同居期间双方共同使用的,也不进行分割,归原来的所有人。同居伴侣可以通过书面协议或遗嘱另行约定财产分割方式。如果同居伴侣双方都有收入,一方负担日常开支,另一方的收入购买大宗商品,那么为共同使用目的购买的大宗商品为"共同财产"。如果一方从事无偿劳动为共同生活作出了贡献,那么无偿劳动的价值也应计算在内。瑞典法律承认非婚同居伴侣间的亲属关系,但非婚同居伴侣间没有类似于婚姻配偶的扶养义务。在非婚同居关系破裂时,同居伴侣无权要求对方支付扶养费。但考虑到参与就业的性别差异,法院往往会针对个案适用保护弱者的原则。非婚同居伴侣之间没有无遗嘱继承权,只能依据遗嘱继承。同居伴侣在特殊情况下可以获得生存者权益。(2)亲子关系。非婚同居伴侣双方对子女都负有抚养义务。异性非婚同居伴侣可以共同监护子女,也可接受公共医疗机构的不孕治疗和人工辅助生育。同性伴侣不得享有这些权利。未婚单身人士可以收养子女,但

现代同居身份关系法律问题研究

异性和同性非婚同居伴侣都不得共同收养子女。异性同居伴侣在对方伴侣同意的情况下,可以收养对方的子女。未婚父亲确认生父身份,必须在官方进行认领登记,并得到子女母亲的认可。即使共同生活,类似继父母的非婚同居伴侣对对方子女的财产义务也仅限于一定程度,不同于对亲生子女的义务。在非婚同居关系破裂的情形,法院可以根据子女最佳利益原则决定法定共同监护。法院还有权决定在共同监护原则下,子女与一方共同生活,另一方有探视权。违反探视权规定的父母会受到罚款甚至丧失探视权的处罚。同居伴侣分手不是像离婚一样直接向非子女监护方要求给付子女抚养费,而是由国家(社保部门)先行支付子女抚养费,然后国家向非子女监护方要求补偿。(3)税收和社会福利。瑞典在公法领域不区分非婚同居结合与婚姻,其他社会学领域对非婚同居的认可程度也相当高。瑞典是一个典型的福利国家,国家尽量承认和满足每一个社会成员的需求。社会福利一般都不会以婚姻状况为依据而区别对待社会成员。比如,在个人税收方面,不论婚姻状况如何,都适用相同的所得税制;再如,对子女照顾、社会资助和住房津贴等,都是以共同收入的家庭户为单位的,无论是结婚还是同居都相同。

第九节 其他国家或地区有关同居的法律

加拿大《魁北克民法典》第521条附1条规定:"民事结合是18周岁以上的人自愿且审慎地同意同居并承担此等身份引起的权利义务的协议。民事结合仅可在无前婚或前民事结合的人之间缔结,直系尊卑亲属间、兄弟姐妹间,不得成立民事结合。"根据魁北克法律制度,结合形态有三种:婚姻、民事结合、事实结合。这三种婚姻形态中的当事人均成为配偶。①

---

① 《魁北克民法典》,孙建江、郭站红、朱亚芬译,中国人民大学出版社2005年版,第66页。

《埃塞俄比亚民法典》第708条、第709条的规定得出其所称的"非法同居"实为"非婚同居"。该法第709条规定:"(1)构成非法同居的必要和充分条件是,有关男女的行为类似于已结婚者的行为。(2)他们不必向第三人声明他们已结婚。(3)一男一女保持性关系,即使是反复进行的且众所周知,这一单纯的事实本身不足以在此等男女间构成非法同居。"

《巴西新民法典》第1723条规定:"一男一女公开、持续和长久地共同生活的,如他们以建立家庭为目标,此种持久结合视为家庭实体。"

2015年10月22日起,新的《民事结合法》开始在南美洲国家智利生效。《民事结合法》规定:"无婚姻关系的同居伴侣在一方死亡后,另一方可直接继承其财产,并可通过简易程序获得两人孩子的监护权。"该法不仅适用于无婚姻关系的异性恋伴侣,也适用于该国的同性恋伴侣。①

上述事实表明,这些国家和地区对同居事实身份关系的法律保护所采取的具体措施,对于我们如何保护同居关系具有一定的借鉴意义。

---

① 吴琼、李彤辉:《智利民事结合法正式生效》,载《法制日报》2015年11月3日。

第四章　现代同居事实身份关系涉及的理论

第一节　未婚同居与身份占有

"身份"一词有多种不同理解。在《现代汉语词典》中,身份是指"自身所处的地位或受人尊重的地位"。《辞海》中解释为"人的出身、地位或资格"。① 这种解释通常是指日常生活中的"身份",而非法律上的"身份"。未婚同居是一种民事事实身份行为而导致的一种民事事实身份关系,对该种"身份"的理解或解释,只能从民法的视角来论述。近现代民事法律所调整的身份,在英美法中初始被认为是法律人格的属性之一,因而往往被扩大解释。但它最基本的内涵,仍然被限定为一种地位。② 可见,身份是一种社会关系,是人们在各种事实或行为的基础上所产生的相互影响、相互作用的状态。因而,民法上的身份是指民事主体在亲属关系中所处的稳定地位,以及由该种地位所产生的与其自身不可分离,并受法律保护的利益。③ 身份与特定的社会关系分不开,离开特定的社会关系就不存在身份了。现代民法上的身份是在法律人格平等基础上社会成员之间的

---

① 辞海编辑委员会编:《辞海》,上海辞书出版社 2009 年版,第 2001 页。
② 李莉:《身份权若干问题新探》,载《法制与社会发展》1999 年第 3 期。
③ 杨立新:《亲属法专论》,高等教育出版社 2005 年版,第 57 页。

相互关系及由此而产生的利益。同时应注意到的是,身份法上的身份属于"意思表示之前"的概念,其意思表示效果具有"先在性",而不像财产法律行为的意思表示效果具有"创设性"。正如王泽鉴先生所说:"身份关系具有事实在先性,即先有身份事实(结婚、生子),法律再为评价,加以规范。"①

未婚同居首先是一种民事事实身份,法律肯定、否定或不予关注则在其后,这种民事事实身份是由民事事实身份行为带来的结果,这种民事事实身份行为可称为期待身份行为,或称准身份行为。这种身份行为目前虽然没有得到法律规范或法律实务的确认,但它仍然具有积极的现实意义。表现为:可以弘扬诚实信用的人生观、价值观,保护弱者利益,维护社会公平正义,使得社会有序运行,在适当的时机以法律规范的形式确定。

未婚同居这种民事事实身份行为所形成的民事事实身份关系,也可称为事实上的亲属身份关系。在现代民法上,身份关系作为平等的共同生活主体的夫妻、父母子女及其他亲属之关系的总称。可以说,亲属之身份的共同生活关系秩序,本来就是事实性质的人伦秩序,这种事实的发生和消灭,就是亲属身份之得丧效果的发生根据。但是,在现代各国的民法规范中,人伦秩序上的事实关系,并未被全部纳入其调整范围。换言之,事实上成立的亲属身份关系,若要在法律上发生亲属身份关系的效果,尚需具备法律规定的实质和形式要件。于是,法律与事实相背反的现象也就出现。由于现代各国立法一般采用形式婚主义,欠缺登记或仪式等形式的婚姻虽在事实上导致"夫妻关系",但"夫妻双方"在法律上却视为路人。② 这种不仅经常出现于婚姻关系同时也出现在亲子关系及其他亲属身份关系中的法律和事实背反现象,往往导致法律调整和事实需要的脱节。和市民法中的财产法不同,身份法不能仅仅顾及法律所承认的生活关系,而忽视事实关系固有的存在意义。诚如日本学者所言,身份关系,不论是夫妻关系还是亲子关系,都很难完全从抽象的、概念的权利体系中

---

① 王泽鉴:《民法概要》,中国政法大学出版社2003年版,第603页。
② 陈棋炎:《亲属、继承法基本问题》,台湾三民书局1980年版,第138~139页。

分解出来。易言之,身份关系具体地体现在日常生活中,是不宜于抽象化和概念化的一种关系。因此,和其他法律领域相比,身份关系相当尊重具体事实。许多国家对同居事实身份关系(未婚异性与同性同居)的态度经历了一个从立法上不考虑其法律效果发展到在立法、判例上承认其一定法律效果的过程,前述美国、英国、法国、德国、日本、中国港澳台地区、北欧等对同居关系的法律、判例即为实例。我国大陆关于亲属身份关系的立法,相对于民法其他领域的立法而言更显粗陋,由此造成大量的事实与法律相背反现象。以事实婚为例,随着社会条件的变化和婚姻法制的强化,我国大陆在这方面实现了由有条件地承认到完全不承认的转变。这种转变固然有其积极性的一面,但由于法律对包括事实婚在内的所谓非法(现在"非法"二字已去掉)同居关系采取全盘否定的态度,以至于不被法律承认的事实上的人伦秩序尽管产生其固有的社会效果,却在法律上得不到应有救济。这种不尊重人伦秩序之事实性质而使事实夫妻关系逸出法律调整范围的做法,漠视事实身份关系因其持续而形成的社会效果,在一定程度上是反社会现实和反人伦性的。

各国关于事实身份关系的立法,各有不同表述。法国法系的亲属法中有所谓"身份的占有"之说,而从功能比较的角度看,这种关于身份占有的立法和理论,实与德国法系的所谓身份权的时效取得、"内缘婚姻"(日本亲属法上的概念)、非婚同居、事实婚等理论有着共通的制度价值。因身份占有的概念更为科学、更为系统地概括了各类事实身份关系现象,拟以身份占有的理论,就社会生活中出现的各种事实身份关系以及应对其赋予的法律效果作一粗浅分析,以期为我国相关立法和学理提供另一种思路。

(1)身份占有的内涵。亲属法中身份的占有是指某人不依靠相应的身份证书而在家庭领域占据某一确定的地位,并享受该地位所生的利益和承担这一身份所固有的义务。和物的占有所发生的情况一样,占有身份之人一般也拥有身份证书。但这种正常情况在现实生活中并不必然如此,事实往往是身份证书和身份的占有相分离。例如未进行结婚登记而以夫妻身份同居,或者父亲未正式认领其非婚生子女,但又为其提供生活费和教育,从而待如子女。这种状况即所谓的"事实上的表见身份"或曰

"无证书(title)的身份占有"。显而易见,身份的占有并不要求具备身份证书,其实质在于事实上履行和承担与某一家庭身份相对应的权利和义务。

(2)身份占有的界定。身份占有如何界定?有学者认为,身份的占有和物之占有一样,即应该是明确的、持续的、公开的和善意的,但这种理论并未被古典的和现代的学理采用。注释法学家和教会法学家将身份的占有和子女的身份联系起来,认为身份占有的构成须满足三个要件:姓氏(nomen)、待遇(tractatus)和名声(fama)。其中姓氏是指子女采用父的姓氏,待遇意为某人被以子女的名分相待,名声则指公开性,亦即上述待遇为社会所知晓。然而,现代各国的立法和判例并不要求三要素的同时存在。现代学理对古典的三要素理论作出重新解释。其观点可综合如下:三要素并非构成要素,而是证明身份占有的证据要素;三要素同时成立当然能更精确地证明身份的占有,但全部要素的存在并非必要;待遇为身份占有的基本证据要素,但其含义已大于古典的含义(后者强调以子女或夫妻的名分相待,前者仅以待如子女或配偶的事实而已);名声为其重要证据要素,在通常情况下,它是证明身份占有的不可或缺的事实;姓氏因素只具有相对意义,即它只是证明身份占有的辅助材料。总之,身份的占有应视具体情况而定,法官有广泛权限对上述证据要素进行判断。

(3)身份占有的事实性。身份的占有单纯地产生于事实,它与当事人的意思无关。如一个精神病人不具有意思能力,因而欠缺民事行为能力,但在他作为父亲、儿子或丈夫而生活时,此项能力的欠缺并不导致他未占有该身份。因此,身份的占有在性质上是一种事实状态。身份的占有不过是当事人相互待如子女或夫妻的事实,它是对专属于该身份的权利和义务的事实上的行使和承担。和物的占有一样,法律之所以要赋予这种状态以一定的法律效果,是因为这些事实身份关系在事实性的人伦秩序上已产生一定的社会效果:从规范的意义上说,法律完全可以置之不理;而从已产生的人伦秩序的客观社会效果来看,法律虽然不宜去刺激这种事实状态的继续发生,但又不能摧毁已经发生的一切,它必须尊重这种社会效果而消极地赋予其一定的效果。身份的占有既为一种事实,自应以证据加以证明。法律对可采为证据的事实一般不加限制,相反,法官对各

种因素的考虑是宽泛的。①

(4)身份占有的法律效果。身份的占有一般不能产生相应身份证书上的效果,但各国通过判例法乃至立法的发展,已赋予其颇具现实意义的法律效果。无证书的夫妻身份占有,又称事实婚或非婚同居,这种事实状态一般发生在采取登记婚主义或仪式婚主义的国家。各国对此态度不一。从前述现代同居身份关系的法律保护现状而言,总的趋势是立法与司法判例更为人性化,一概否认未婚同居事实身份关系法律效果的国家或地区不具有代表性或普遍性。我国对1994年2月1日后的事实婚不再承认其民事婚姻的效力,这是采取严格登记主义的结果。因而,基于身份占有的理论,借鉴他国的立法司法经验,一定条件下(如同居关系的持续时间及稳定性、经济上相互依赖的程度、以及双方扶养的安排、是否生育子女及照顾和抚养子女、家庭义务的履行、相互承担义务和相互扶养的程度等)规范未婚同居事实身份关系当事人在私法上具有准婚姻关系的身份效力、一方当事人无故遗弃另一方当事人承担物质和精神损害的责任、基于身份效力基础的财产关系效力;在公法上,如在社会保障、养老金和税收方面也应产生一定的法律效果。这是现代法治文明社会和国家必须正视的问题。

第二节 未婚同居与法的价值评判

前文论及同居具有契约属性,那么对此如何作价值评判?是研究该命题的意义所在。

价值一词既是一个哲学范畴,也是一个哲学之外的其他人文学科、社会学科及日常生活中广泛使用的概念。了解这一概念的含义,可从三个视角入手,其中之一就是从价值判断与事实判断的区别可以发现,前者与

---

① 吴天月、徐涤宇:《论身份的占有——在事实和法律之间》,载《法商研究》2000年第6期。

人们的情感直接关联,而事实判断与情感因素只有间接关联。所谓价值判断都是关于"应然"的判断,回答的是"应当是什么"的问题;所谓事实判断都是关于"实然"的判断,回答的仅仅是"是什么"的问题。由于价值判断与情感因素直接关联,因此,对于同一问题,在道德、宗教、政治、文化等方面具有不同情感的人们,所给出的价值判断往往是有差异甚至是完全对立的,但不能导出价值判断与事实因素毫无关系的结论。实际上,每个人的价值判断都是以一定的价值观为标准的,而价值观的形成是由一定的事实因素决定的。一个社会的生产方式、生活方式、制度环境、文化传统等事实因素都是具体价值观所形成的基础。因此,在正常情况下,特定的物质和精神生活条件下共同的社会实践,总是能够使一个社会或时代形成某种"价值共识"和多数人共同确信的价值准则,如果在价值判断上连最低限度的共同标准也不复存在,一个社会也就会马上解体了。在这种意义上,法律就是对一个社会的最低限度价值标准的权威性表达。①

而法的价值是以人性为基础的。如,美国法律对非婚同居行为的遏制态度持续到20世纪60年代。从1965年起,法律出现了新动向:首先是许多判决扩展了非婚生子女权利;随后出现了保护同居妇女财产权的规定;最近三十年来,许多州针对传统法律对非婚同居弱势方保护不力的问题,通过判例法或制定法为同居者提供了多种形式的保护机制,多数州以合同法理论为基础确认同居伴侣间的权利义务,有些州以同居者的身份为依据赋予同居者某些权益;1997年以后,越来越多的地方立法明确承认非婚同居关系的合法性。

英国从18世纪中叶正式废除普通法婚姻开始,就把异性非婚同居关系排除法律的调整范围。近一百年,英国有意识地采取了一些针对非婚同居的法律对策。20世纪初,立法者相信,能够结婚的人都会结婚,通过结婚和离婚法的改革就可以稳定生活共同体。随后几十年里非婚同居的普遍化,使立法者不再那么确信。他们一方面继续改革婚姻制度,使其更具有吸引力,另一方面开始承认同居者也需要法律保护。20世纪70年

---

① 张文显:《法理学》,高等教育出版社、北京大学出版社2007年第3版,第293~295页。

代以后,立法机关和法院采取了一些零散的措施,在财产继承、房屋租赁、家庭暴力等方面给予非婚同居关系一定程度的肯定和保护,但一直没有专门针对非婚同居关系立法,非婚同居者在家庭法领域的地位相当模糊,就非婚同居者的法律权利而言,不同领域的零星立法把非婚同居或等同于婚姻,或次于婚姻,或完全忽视。就非婚同居者实现权利的法律方法而言,主要依赖于衡平法上的归复信托、推定信托和禁止反言等规则。20世纪70年代以后英国非婚同居法律制度的进展,可以说是英国为应对社会现实而采取的不情愿的举措。因为虽然现实表明能够结婚的人不一定都会结婚,但是政府仍然信奉能够结婚的人都应该结婚。于是,20世纪末到21世纪初,能够结婚的异性同居者的权利问题被暂时搁浅,不能结婚的同性同居者成为立法者关注的焦点。[①] 标志是英国《民事伴侣关系法》的颁布实施,使同性同居者在家庭法领域中的地位类似于婚姻。由于该法只针对同性恋人群的规定本身就是不平等、带有歧视色彩的,与所谓的欧洲人权公约的精神背道而驰。2018 年 6 月,37 岁的 Rebecca Steinfeld 和 41 岁的 Charles Keidan 向最高法院提出异议,他们希望"民事伴侣"关系能同样普及到异性恋人群,并最终赢得了判决,为英国《民事伴侣关系法》从保护同性同居伴侣延伸为也保护异性同居伴侣赢来了属于自己的曙光。

再如法国历史上立法几乎没有任何有利于非婚同居伴侣的规定,到法国议会于 1999 年 11 月 15 日通过了关于"紧密关系民事协议与同居"的法令,并于 2000 年 1 月生效实施,200 年来的拿破仑法典中出现了一个新的与传统的婚姻家庭制度并行的"另类的"适用于同性与异性非婚二人共同生活模式——PACS。

对事实婚姻的法律保护,我国经历了一个由承认到逐步限制承认,到完全不承认再到妥协的有条件承认,到现在根本不提的一个变化发展过程。这种对符合结婚实质要件的男女当事人,分时间段地分别以事实婚姻或者同居关系来对待与处理,但并不因此,这类事实身份关系就客观上不存在或减少,事实上这类事实身份关系在国内外均普遍地长期存在。

---

① 王薇:《非婚同居法律制度比较研究》,西南政法大学 2007 年博士论文。

这些都体现了法的价值判断对非婚同居事实身份关系的一个变化发展过程。从法的价值判断看我国同居事实身份关系的现状，须质疑相关的司法解释、法规的规定。

法的价值是一般价值的特殊存在形式，是一个从西方法学移植而来的概念。法学研究中有目标价值与形式价值之分。法的目标价值，即法律在发挥社会作用过程中能够保护和增加哪些价值，如人身安全、财产安全、公民的自由、秩序、效率与正义，均是有价值的，因而也是倍受重视的基本价值。法的目标价值就是对这些有价值的事物予以保护并促进其增加。因而，对特定的身份领域有价值的事物，例如，未婚异性同居或事实婚姻，不管我国法律承认保护与否，它将是身份领域长期存在的事实状态。这种事实状态是身份领域当事人崇尚的意思自治原则在私领域的价值体现，也是对人缔结身份关系自由权的保护。理由是：首先，自由权是最基本的人权。何谓自由？依18世纪法国大革命中发布的《人权公民权宣言》第4条："自由就是指有权从事一切无害于他人的行为。"而"每个人所能进行的对别人没有害处的活动的界限是由法律规定的，正像地界是由界标确定的一样。"因而，法律对法律界限内自由权的保护设定了具体的原则和规则（如对依法成立或解除的婚姻自由权的保护），但还应看到法律对自由权保护的另一种形式，即对"法外自由的宽容"，包括两种情况：一是"法不禁止即自由"的法治原则；二是法律对社会自在的自由既不确认为法定权利，也不加以法律规限，即保留这些自由为法外的习惯权利或道德权利，听任社会自主、自治、自律。像许多属于个人私生活中的自由，就是法律不能干预的禁区。其次，未婚异性同居或事实婚姻作为各国普遍存在的社会现象或一种生活方式，不同时代和不同国家基于自身的阶级意志与经济关系的不同，对人自由缔结身份关系这种行为的法律界定及保护各异，但笔者认为，只要这种生活方式，非建立在违反社会公序良俗的基础上、无害于他人、不违背国家强制性或禁止性法律规范，当事人这种具有私人事务性的选择是可以接受并予以保护的。再次，法律意义上界定同居关系为一种契约，即当事人明示或默示的意思自治基础上缔结的事实契约，由同居事实契约产生同居事实契约身份关系，为各国立法及司法实践一般肯定，也是学界

的一般理论主张。这实际上是法的目标价值在具体部门法的体现及理论上的认同。反之,如果法律或判例不保护该同居事实契约身份关系,强制履行同居契约身份关系中的权利义务,则会使同居契约产生的同居契约身份关系始终处于不稳定状态,而不管同居时间长短、有无子女,但当事人一方可以随意另行同居或缔结法律婚,善意或弱势的一方同居者的正当合理的利益得不到法律救济,因同居所生子女的法律利益未能充分地在事实上得到保障,这与现代民法的诚实信用、禁止权利滥用、保护弱者利益三项原则相违背,也是立法者和法官们不愿意看到的。

  法的形式价值,即指法律在形式上应当具备哪些值得肯定的或"好的品质",即法律应该逻辑严谨,不自相矛盾;应当简明扼要,不应含混烦琐;应明确易懂,不应神秘莫测等。翻开中华人民共和国的婚姻立法史:实体法(含有效的司法解释),对事实婚姻或未婚异性同居关系的法律保护,前述波浪式曲折的发展态势,以及现行立法中仍有"结婚必须登记。未办理登记的,应当补办登记"法律逻辑不严谨的规定。国际私法中保护涉外事实婚姻或未婚异性同居关系有效的冲突法立法,在相当长的时期还可能是空白,这种现状不符合也不具有法的形式上应有的价值。基于此,当国内或涉外身份领域存在一种为人们所普遍接受的有价值的生活方式,该生活方式的建立又有其法理依据,保护该特定的身份关系符合民法身份法上的基本原则,具有诸多积极与现实意义,立法者或法官所为的只不过是正视这种有价值的生活方式,并加以法律保护。

  因此,当涉及国内,或含有涉外因素,如中国人与外国人之间,同一国籍或不同国籍的外国人之间在中华人民共和国境内形成的该特定身份关系我国没有充分保护该特定的涉外身份领域的实体法,也不存在冲突法可以适用时,积极应对、有效解决的态势,符合法学研究中法的目标价值与形式价值。[①]

---

  ① 何群:《涉外同居关系法律适用问题研究》,载《湘潭大学学报(哲学社会科学版)》2007年第4期。

第四章 现代同居事实身份关系涉及的理论

第三节 特定情形下的婚外同居
——规则、原则与公平、正义法律理念的碰撞

法律规则是规定法律上的权利、义务、责任的准则、标准，或是赋予某种事实状态以法律意义的指示、规定。它具有微观指导性，即在规则所覆盖的相对有限的实施范围内，可以指导人们的行为；可操作性较强，只要一个具体案件符合规则设定的事实状态，执法人员可直接适用该规则，一般公民也容易依据规则选择自己的行为方式；确定性程度较高，包括内容相对明确与恒定，效力较为清楚明确等特点。[①]

原则一词来自拉丁语Principium，其含义为"开始""起源""基础"。法学中的法律原则是指在一定法律体系中作为法律规则的指导思想、基础或本源的综合的、稳定的法律原理和准则，具有直接反映法律体系或法律体系中某一组成（如部门法）的基本价值目标，是法律体系和部门法的指导思想和观念基础；在形式上不具备法律规则必备的三要素，往往只是指出了立法者对某一类行为的倾向性要求，而没有提供具体的行为模式，这种高度抽象和概括的性质使法律原则比法律规则更具稳定性，适用范围更为广泛；由国家制定或认可，是"法"的组成部分等特点。有的法律原则在规则性文件中直接以文字方式表现出来，有的法律原则虽然没有直接的文字表现，但隐含在规定之中，可以合理地推断出来。[②]

前述台湾地区"司法判例""颠覆性"的"前卫"判决，针对个案认可有婚姻关系者与他人同居，同居配偶有赡养费请求权的典型实例，体现了对个案的处理，法律原则、规则的遵循与公平正义法律理念碰撞时，以后者为裁判依据的司法实践，即公平正义法律理念是司法裁判的最高依据。

---

① 张文显：《法理学》，高等教育出版社、北京大学出版社2007年第3版，第293～295页。

② 何群：《论夫妻应当相互忠实与尊重的立法规定》，载《中央政法管理干部学院学报》2001年第5期。

事实上,这是一个朴素的法哲学问题。因为法律原则、规则的遵循即所谓遵循先例,先例之所以要遵循或者说先例之所以有力量,在于人类对既往经验的尊重,和人类寻求公正的努力。在司法判决过程中,同类案件得到同样的处理结果是一个最基本、最原始、最普遍的公正要求,而遵循先例恰好能满足人们对这一公正要求的愿望。从婚姻史上看,从群婚制到对偶婚再到一夫一妻制,后者被喻为与人类文明相适应的最完美的婚姻形态,与此对应的是许多国家确立一夫一妻原则作为婚姻法律制度的基本原则,该原则作为法的社会原则之一,来自社会关系本身,反映法所确认的社会关系中所蕴含的价值理念,自然含有公平与正义这一最基本、最原始、最普遍的法律价值理念,但就个案而言,遵循先例也不是一个绝对的原则,先例也要接受实践检验,在实践面前,有些先例也要被改造或弃置。如果人们感到某个看上去可以适用的、已被接受的规则所产生的结果不公正,就会重新考虑这个规则。

台湾地区"司法判例"认可婚外同居配偶有赡养费请求权,则为遵循普遍性先例原则的例外,目的是求得个案结果的最大公正与合理,这才是判例的最高追求与价值。[①] 因为人性有理性与非理性的一面,也有善与恶的一面;同时人性还是自然性、社会性、意识性的结合。(1)理性与非理性的对立统一是法的价值的人性基础。人性是理性的,这一观点在西方源远流长。人的理性处于支配地位,善就占有优势,法律就用不着。否则,就让人们服从外在的权威——法律。法的作用就是禁止人们放纵欲望,使那些不能按照理性行动的人能够约束自己,以维护个人正义的品德。[②] 但人性未必都是理性的,亚里士多德在肯定人的理性的同时,也肯定人的非理性。现代非理性主义哲学则认为,作为主体的人是个别的、不可重复的,人的非理性成分,诸如意志、情绪、直觉、本能被特别强调,并认为人的非理性因素对于人具有决定作用。既然人是非理性的,法当然是人的非理性的产物。因而,就需要用代表理性的法来规范人类的行为,防止和制裁严重的非理性的行为,预防和减少非理性给人类带来的危害。

---

① 何群:《中国区际同居关系法律问题研究》,载《河北法学》2011年第9期。
② 张宏生:《西方法律思想史》,北京大学出版社1983年版,第30～31页。

理性与非理性的对立统一,构成了法的价值的人性基础的重要方面。(2)善恶有无与对立统一是法的价值的人性基础。人性中的性善论在一定意义上为法的产生与存在,提供了道德依据。人本性是善的,那么人的恶就是与善相对立的。法是为善而设立的,其目的就在于制止恶的产生。人本性中的恶,是法产生的前提,使法的产生具有了必要性;人本性中的善,是法产生的动力,使法的产生具有了可能性。惩恶扬善就成为了法的价值追求。肯定人性的有善有恶,包括有善恶之分和有善恶之因,其意义:有利于人们正确认识人性;有利于人们客观地认识人本身;有利于人类利用自己的行为规范引导人的行为,防止人性中恶的因素作用;有利于我们更好地对人对己,并在对人对己中运用法律和道德来处理好各种社会关系。因此,善恶有无与对立统一也是法的价值的人性基础。(3)自然性、社会性、意识性的结合是法的价值的人性基础。人是自然物,具有自然性。这一属性表明:一方面,人有必须满足自己物质生活的需要。满足这种需要的途径和方式如何,就有道德上的正当与不正当、法律上的合法与不合法的问题。由于道德难以制止不正当获取物质资料的恶行,于是比道德有强制性的社会规范——法就有了产生的必要。法也就获得了弥补道德不足、实现道德原有期待目标的价值使命。另一方面,人的自然性对于法的某些价值追求具有直接的决定与根据意义。人是自然的人,自然生命的存在与安全必然被放到相当首要的位置加以特别强调。当原始社会规范、道德都无力保护人的生命的生存、安全的时候,法的价值就凸显出来。应当说作为法的价值的生存、安全,首先是源于人的自然性。人又是社会的人,必然具有社会性。社会性是人的根本属性,是人与其他生命体的根本区别之一。这一认识表明:一方面,人的社会性为法的产生提供了前提。人如果不是社会的,而是绝对孤立的存在,当然就没有人与人之间的关系,人就没有与他人合作、交往、被他人侵犯等问题。另一方面,人的社会性是法的某些价值的最直接的基础与来源。秩序、平等、公正等,它们都以人的社会性作为自己最根本的依据。有人与人结合的社会性,才会有人与人之间具有稳定性或一致性或连续性的关系状态——秩序。个人,因没有参照系,也就无所谓平等或不平等。公正,没有社会性的人当然不存在"公"的可能与问题。意识性是人区别于动物的又一重要属性,它指的是人所具有的精神属性,它使人的劳动区别于动物的劳动,并具有创造的性质;也使人的自然性、社会性与动物的自然性、社会性相区别。这一认识表明:一方面,人的意识性是法产生的精神基础。人的意识性使人能动地、创造性地对待外部世界,引导人有目的地去创设人为世界。法是人为世界的产物。同时,人的意识性的重要特征之一包含着人的自我意识。没有恰当地运用自己的意识能力,形成对社会关系的理性认识,人就不可能创设出法。价值论的产生本身就是人类自我意识觉醒的表现,是人类对自己及其命运极大关注的结果。法的价值理论的产生也是如此,它同样是人类自我意识进步与文明的表现。另一方面,人的意识性使人的精神活动与社会实践具有价值定向性。人类创设法的时候,也就赋予了法的价值定向,设立了一定的价值目标。① 因此,对个案而言,当法律规则、法律原则与公平、正义法律理念(价值)碰撞时,公平与正义是法的价值追求的最高及永恒目标。

第四节 未婚同居与一般人权理论

21世纪是一个人权得到空前尊重与更好实现的时期。西方国家对婚姻家庭领域的未婚异性与同性同居当事人间的实体权利义务关系,及其所带来的亲子关系给予一定的规范或调整就是典型例证。从人权的视角看现代同居事实身份关系,一般是指未婚同性与异性同居身份关系,婚外同居身份关系不属于该问题探讨的内容。

以我国为例,在很长一段时期,同居事实身份关系一般分为两类,即涉及他人婚姻的异性同居关系与不涉及他人婚姻的异性同居关系,不包括同性同居关系。前者是指同居期间至少有一方存在与他人的婚姻关系的同居关系,即"婚外同居"。由于涉及他人婚姻的同居关系,违反了我国

---

① 刘作翔、张志铭、柳志伟:《法治理想的追求》,载卓泽渊:《法的价值的人性基础》,中国政法大学出版社2003年版,第453~464页。

"一夫一妻制"等婚姻家庭法的基本原则,中华人民共和国的法律从未保护过该种同居关系。后者是指同居的双方在同居期间都没有结婚或已经离异,即"未婚同居关系"。对未婚同居关系,同居时间的长短,具有不同的意义。对临时的且不固定的未婚同居,前提是只要双方自愿,不涉及第三人利益,不违背社会公共秩序,法律不应禁止,但亦不宜提倡。对长期的未婚同居关系,即未婚男女彼此有维持长期同居关系的意愿和事实,对外公开以同居者或非一般意义上的朋友关系相称,一般有固定的同居场所,这种同居关系就是我们过去所称的广义的事实婚姻。

中华人民共和国的婚姻家庭法对"同居关系"的法律保护在很大程度上就是对符合结婚实质要件的狭义的"事实婚姻"的保护。对事实婚姻的法律保护,我国经历了一个由承认到逐步限制承认,到完全不承认再到妥协的有条件承认,到现在根本不提的一个变化发展过程。1950年、1980年《婚姻法》及现行《婚姻法》修正案均明确了结婚必须登记,而未经登记的符合结婚实质要件的事实婚姻的存在是伴随着结婚必须登记制的存在而存在的,因而对事实婚姻的法律保护,依次是:(1)1953年贯彻《婚姻法》运动中,中央人民政府法制委员会在《有关婚姻法问题基本解答》中指出结婚不登记是不对的,但对事实上已经结婚而仅欠缺婚姻登记手续的当事人依然以夫妻关系相待的,不要求补办登记手续。(2)1979年和1984年分别召开的全国第二次和第四次民事工作会议期间,对事实婚姻的违法性及认定作了明确规定,例如,1979年2月2日最高人民法院《关于贯彻民事政策法律的意见》中指出:"人民法院审理离婚案件,要坚持结婚必须登记的规定,不登记是不合法的,要进行批评教育……"1984年8月30日最高人民法院《关于贯彻执行民事政策法律若干问题的意见》进一步明确指出:"没有配偶的男女,未按婚姻法规定办理结婚登记手续,即以夫妻名义同居生活,是违法的。"在处理此类纠纷时,明确了以下几点:①对于起诉时,双方均已达到婚姻法规定的结婚年龄和符合结婚其他条件的,可按婚姻法第25条规定的精神处理(即离婚可直接认定为事实婚姻,不需要补办结婚登记手续)。如经过调解和好或者撤诉的应责令其到有关部门补办结婚登记。②对于起诉时双方或一方依然未达到法定婚龄或不符合结婚其他条件的,应解除同居关系。(3)1989年11月21日最高人民法院颁布的《关于人民法院审理未办理结婚登记而以夫妻名义同居生活案件的若干意见》有条件的承认事实婚姻的效力,即1986年3月15日以前同居的,一方起诉"离婚",如起诉时双方均符合结婚的法定条件,或者1986年3月15日之后同居的,一方起诉"离婚",如同居时双方均符合结婚的法定条件,可认定为事实婚姻,并不要求补办结婚登记手续,再行离婚,反之则认定为非法同居关系。(4)自1994年2月1日民政部《婚姻登记管理条例》施行之日起,没有配偶的男女未办结婚登记即以夫妻名义同居生活,其婚姻关系无效,不受法律保护。(5)2001年12月24日《最高人民法院关于适用〈中华人民共和国婚姻法〉若干问题的解释(一)》第5条规定:未按婚姻法第8条规定办理结婚登记而以夫妻名义同居生活的男女,起诉到人民法院要求离婚的,区分两种情况:(1)1994年2月1日民政部《婚姻登记管理条例》颁布实施以前,男女双方已经符合结婚实质要件的,按事实婚姻处理;(2)1994年2月1日民政部《婚姻登记管理条例》颁布实施以后,男女双方符合结婚实质要件的,人民法院应当告知其在案件受理前,补办结婚登记,未补办结婚登记的,按解除同居关系处理。因此,对1994年2月1日民政部《婚姻登记管理条例》颁布实施以后,符合结婚实质要件的男女双方不补办结婚登记或男女双方不符合结婚的实质要件而无法补办登记的,其关系现在只能认定为同居关系。也就是说我国现在没有"事实婚姻"这一法律概念。

  在我国,对同性同居事实身份关系或同性婚姻加以探讨,则是伴随着20世纪90年代末至今广义的同性婚姻被一些外国国家法律认可的事实才开始出现的话题。但异性婚姻之外的"婚外同性同居"导致婚姻家庭破裂,以及引出的离婚损害赔偿等问题,在我国的司法实践已经客观存在。例证如:2003年11月初,江苏省高邮市法院审结了丈夫"红杏出墙"爱上了男人,痛苦万分的妻子以丈夫同性恋为由向法院起诉,要求离婚并索取名誉和精神损害赔偿。法院在审理此案过程中虽出现了两种截然不同的意见,但最终女方在解除婚姻关系时获得了一次性人民币6万元赔偿。[①] 这种审判结果,暴露了我国现行《婚姻法》存在的问题,即同性恋或同性同

---

① 文健:《同性恋,你侵犯了谁的婚姻?》,载《中外妇女文摘》2005年第3期。

居事实身份关系,不能成为法律身份关系,何以破坏异性婚姻,以致导致离婚,进而要求精神损害赔偿?从而导出未婚同性同居事实身份关系合法性的认定,或"婚外同性同居"违法性的认定问题。

未婚异性与同性同居事实身份关系的客观存在,不可否认它是个体充分意思自治基础上建构的一种私人生活方式,而这种生活方式所具有的自然与社会属性不被法律确认与保护,但从人权的视角分析,"人不是为各种制度而存在,各种制度倒是为人而存在"。① 何谓人权?所谓人权(human rights)是人依其自然属性和社会本质所享有和应当享有的权利。② 因而,特定事实身份关系即未婚异性与同性同居事实身份关系,涉及人权中的自由权、平等权、人权存在的形态等方面内容。

一、未婚同居与自由权

自由权以自由为存在前提,没有个体的自由则无个体的自由权。作为人权核心的自由,依18世纪法国大革命中发布的《人权公民权宣言》第4条规定:"自由就是指有权从事一切无害于他人的行为。"而"每个人所能进行的对别人没有害处的活动的界限是由法律规定的,正像地界是由界标确定的一样。"因而,法律对法律界限内自由权的保护设定了具体的原则和规则(如对依法成立或解除的婚姻自由权的保护),但还应看到法律对自由权保护的另一种形式,即对"法外自由的宽容",包括两种情况:一是"法不禁止即自由"的法治原则;二是法律对社会自在的自由既不确认为法定权利,也不加以法律规限,即保留这些自由为法外的习惯权利或道德权利,听任社会自主、自治、自律。像许多属于个人私生活中的自由,就是法律不能干预的禁区。③ 这实际上是法律人文关怀理念,对人们多元生活方式的释义。而符合结婚实质要件的异性因同居而形成的事实身份关系,作为人们选择的一种生活方式,无疑是当事人明示或默示意思表

---

① 李步云:《人权法学》,高等教育出版社2005年版,第45页。
② 李步云:《法理探索》,湖南人民出版社2003年版,第169页。
③ 李步云:《人权法学》,高等教育出版社2005年版,第147页。

示一致的结果,是身份领域当事人崇尚的意思自治原则的价值体现,也是人享有的缔结身份关系的一种自由权。

从自由权看特定的事实身份关系:

一是一个自然人与一个自然人因合意而形成的事实身份关系,其自然属性的结合是基于人类的生物本性,即以人的生理、心理的正常满足为需要的结合,是自由成为天赋人权的必要条件。其社会属性的结合,即以事实身份关系当事人的经济条件和意识形态相适应的结合,是自由的社会基础。因为人是社会动物,自由属于社会关系范畴,是相对他人而言的生存状态,即不受任何其他主体的干扰、束缚,自由自在地生活。① 这是对本书论及的事实身份关系当事人行使自由权最直观的理解,但任何自由权都是相对的,绝对的自由权并不存在。

二是该自由意愿与行为建立的事实身份关系无害于第三方,也不为法律所禁止。从我国已有的法律规定来看,婚姻法修正案及其司法解释,以及新的《婚姻登记管理条例》有"禁止有配偶者与他人同居"的规定,各省市的计划生育法规有禁止非婚生育的规定,最高人民法院关于以夫妻名义同居的司法解释中有关于"非法同居"的处理原则,除这些以外,其他法律、法规中尚未见到关于禁止未婚同居或婚前发生性关系的规定。根据"法律无明文禁止的不算违法"的一般法律原则,未婚异性因同居而形成的事实身份关系并不违法,理当不为我国法律所禁止,更谈不上损害第三方利益。同理由导出,同性未婚同居事实身份关系也不违法。

三是虽说我们应看到前述法律对自由权保护的另一种形式,即"对法外自由的宽容",但"对法外自由的宽容"就本书论及的事实身份关系而言,是指对当事人双方步调一致的行使自由权的宽容、不干涉。如果当事人一方行使的自由权以践踏、损害他方自由权为代价,则违背了"对法外自由的宽容"的本质内涵,因此,事实身份关系法律建构还应为消极自由与积极自由的统一。主流理论认为,自由权是一种消极权利,只要国家消极不作为就能实现。社会权是一种积极权利,需要国家积极作为予以提

---

① 李步云:《人权法学》,高等教育出版社2005年版,第144页。

供方能实现。事实上自由权与社会权并不对应于消极权利与积极权利。自由权中也含有积极权利。现代哲学家柏林(Isaiah Berlin),在其"两种自由概念"一文中,区分了两种自由的观念,认为消极自由是指"免于他人干涉和强制的自由";积极自由则是指"去做……的自由"。① 从而表明消极自由对应消极权利,积极自由对应积极权利。这一观念运用于婚姻家庭领域的事实身份关系,当人们认为选择这种最理想的私人生活方式,获得了消极自由时,若不通过积极自由(即通过公共权力机构消除个人消极自由带来的负面因素,充分实现其自由权)帮助其实现自由权,这种消极自由会带来诸多负面因素,实际上是一种不自由。表现为:没有法律身份的异性未婚者因同居而形成的事实身份关系,其一,由于得不到法律的保护与约束,始终处于不稳定状态;其二,不管同居时间长短,有无子女等状况,当事人可以随意地不通过任何法律程序另行同居或缔结法律婚;其三,善意或弱势的一方同居者的正当合理利益得不到法律救济;第四,因同居所生子女的法律利益未能充分地事实上地得到保障;第五,规避法律,如逃避共同生活债务、侵害第三人权益等。这些均与身份法上男女平等原则,保护妇女、儿童权益原则背道而驰,也不符合法律的公平正义的原则,其直接社会危害结果,是不利于未婚同居者及其子女的安定生活,甚至可能引起经常性的、局域性的社会秩序混乱。而对于没有法律身份的同性未婚同居事实身份关系:其一,滋生艾滋病,这也是我国学者呼吁同性婚姻合法化的重要理由之一;其二,滋生同性恋犯罪;其三,缔结假性婚姻,资料显示,现代中国的同性恋者有90%以上与异性结婚或认为"是不可避免的"。② 其直接社会危害结果是导致异性婚姻关系破裂,损害配偶他方正当的婚姻权益。

二、未婚同居与平等权

人权视角的平等,即平等是一定主体之间,类似情形类似对待,不同

---

① 李步云:《人权法学》,高等教育出版社2005年版,第54页。
② 刘达临、鲁龙光:《中国同性恋研究》,中国社会出版社2005年版,第73页。

情形不同对待,既反对特权也反对歧视的对等对待的原则与状态。① 或者平等指的是人或事物获得相同的对待。平等权有两方面要义:一是主体平等是平等权实现的前提。如果主体被先在性地作了不平等的划分,那么任何平等权利的行使都会导致不平等的结果,或者说,所有平等权利均会丧失其价值。二是形式平等是平等权的理性所系。离开了形式平等而言平等,平等权就有可能成为空话。因此,有学者指出:"平等作为近代民主政治的理念并不是实质的,而是形式的。"形式平等的核心理论则由"起点平等"和"同等情况同等对待"两部分构成。②

从平等权看特定的事实身份关系:

一是平等权要求一定主体之间,类似情形类似对待,或相同情形相同对待,反对特权也反对歧视的对等对待的原则与状态。翻阅中华人民共和国的婚姻法律史可知,对"同居关系"的法律保护在很大程度上就是对符合结婚实质要件的狭义的"事实婚姻"的保护。对事实婚姻的法律保护,我国经历了一个由承认到逐步限制承认,到完全不承认再到妥协的有条件承认,到现在分时间段地认定与否定事实婚姻的旅程。其结果:未婚异性同居事实身份关系认定为事实婚姻,则产生合法婚姻对内与对外效力。配偶间具有法定夫妻身份,享有相互抚养、家事代理权,共同行使亲权、遗产继承权,共同享有债权,承担债务(不同的婚姻财产制度有所区别);婚姻关系解除时,有分割夫妻共同财产,享有经济帮助、损害赔偿、探视子女等法定权利。未婚异性同居事实身份关系否定为事实婚姻,则当事人间仅为同居关系。同居当事人间不具有法定夫妻身份,不产生合法婚姻对内与对外效力。同居关系可以随意缔结或解除,人民法院也不受理解除同居关系的诉讼。这种结果对一定时间段的当事人是特权,对另一时间段的当事人则是歧视,违背了类似情形类似对待,或相同情形相同对待的基本人权观。这一结果同样存在于只有异性恋能缔结法律身份关系,而同性恋则被排除在缔结法律身份关系之外的情形。

二是平等权要求主体法律形式上平等。作为身份关系主体的单个自

---

① 李步云:《人权法学》,高等教育出版社2005年版,第173页。
② 徐显明:《人权研究》(第二卷),山东人民出版社2003年版,第165~166页。

第四章 现代同居事实身份关系涉及的理论

然人,无论男性或女性,均具有自由、平等地缔结法律身份关系的权利。

对异性同居事实身份关系当事人而言,这种自由平等选择缔结法律身份关系的主体的起点是不平等的,以我国为例,即 1994 年 2 月 1 日民政部《婚姻登记管理条例》颁布实施以前,男女双方已经符合结婚实质要件的,按事实婚姻处理;1994 年 2 月 1 日民政部《婚姻登记管理条例》颁布实施以后,男女双方符合结婚实质要件的,人民法院应当告知其在案件受理前,补办结婚登记,未补办结婚登记的,按解除同居关系处理。这一司法解释的本意是试图从积极的角度重申办理结婚登记的必要性,即以补办结婚登记的办法解决事实婚姻或同居关系问题。但该解释更多的情形只是针对已经产生纠纷的事实婚姻或同居关系的认定,事实上,一方面还存在大量没有引起争议的该类身份关系,当事人相安无事,互相履行实体上的夫妻及父母子女间的权利义务;另一方面该类身份关系当事人难以就结婚登记达成共同意愿,因为对一段已经引起争议或将要解除的该类身份关系,却要为解除这种关系先办理缔结关系的手续,似乎使当事人在心里和感情上难以接受,①在实践中也是行不通的。因此,分时间段地认定与否定为事实婚姻的司法解释,违背了事实身份关系当事人主体法律形式上平等的要义。同时也是一种非良性的缺乏法理依据的司法解释。因为一切立法及其有法律约束力的司法解释应遵循实事求是、从实际出发原则或科学性原则。这一原则要求我们从我国社会主义初级阶段的国情出发,理性化、合理化、主观符合客观地立法。对符合结婚实质要件,未履行结婚登记手续的男女当事人同居这种生活方式,分时间段地分别以事实婚姻或者同居关系来对待与处理,但并不因此这类事实身份关系就客观上不存在或减少,事实上这类事实身份关系在国内外均大量地普遍地长期存在。

对同性同居事实身份关系当事人而言,这种自由平等选择缔结法律身份关系的性别是否平等,在不同的国家或地区不同。在同性结合合法化的国家或地区,单个自然人既可以平等选择缔结异性婚姻,也可以平等选择缔结同性婚姻,或同性生活伴侣关系,或同性家庭伴侣关系,或同性

---

① 巫昌祯:《婚姻法执行状况调查》,中央文献出版社 2004 年版,第 8 页。

民事结合关系,法律形式上主体缔结身份关系的性别是平等的。而在同性结合非合法化的国家或地区,单个自然人只能平等地缔结异性婚姻,而不能平等地选择缔结同性婚姻或其他形式的同性合法结合。因而,主体性别问题,则成为单个自然人能否享有平等缔结法律身份权的障碍,这一法律逻辑结论是:异性结合具有法律身份,同性结合则只能是同居事实身份关系。这违背了身份关系主体法律形式上平等的要义。

三是我国的上述司法解释赋予了相关当事人责任的不平等。该司法解释的直接后果,是导致我国现在没有"事实婚姻"这一法律概念。"事实婚姻"这一法律概念由同居(含未婚同居与婚外同居)取代。其结果:未婚同居当事人可以自由解除同居身份关系,不管同居期间一方付出的大小,无需承担平等的法律责任。对婚外同居者法律上虽然确定了民事责任,但对婚外同居者追究民事责任,是指诉讼离婚时无过错方配偶有权请求损害赔偿,如果不离婚能否请求损害赔偿?司法实践无法操作,形同虚法。对婚外同居者追究刑事责任是以事实重婚(法律上的重婚甚少)的成立为前提,没有事实婚姻,哪来事实重婚,以至于刑法中的重婚罪形同虚罪。

三、未婚同居与人权存在的形态

人权有三种存在形态,即应有权利、法律权利、实有权利。人权就其本来的意义看,它是一种人应当享有的权利,即"应有权利"。法律规定的权利不过是人们运用法律这一工具使人的"应有权利"法律化、制度化,从而使其实现能得到最有效的保障。因此,法定权利是法制化了的人权。①实有权利是指人们实际能够享有的权利。人权三种存在形态不是平行关系,而是层次关系,即权利范围从大到小,依此为应有权利到法律权利再到实有权利。其中应有权利的存在,并不以也不应当以法定权利的存在与否为转移。在人的应有权利没有被法律确认和保障之前,它们在现实生活中是客观存在的。

---

① 李步云:《人权法学》,高等教育出版社2005年版,第21页。

这一人权观运用于事实身份关系领域,即未婚异性或同性同居事实身份关系的客观存在,是人权存在形态中人应有的权利。导论中述及的相关外国国家、中国未婚异性同居的现状,及同性同居事实身份关系的现状,不管我国法律确认和保护与否,该类同居事实身份关系均是客观存在的。这种人应有的权利,因其不损害第三人利益,不与法律相违背,是自由权、平等权在缔结身份关系中的表现,将其上升为法定权利,是人权在婚姻家庭法中应有的内涵,能达到自然人缔结身份关系的真正自由,减少或消除消极自由带来的负面因素,反对特权与歧视,实现主体法律形式上的平等。

第五节　未婚同居与国际人权保护①

20世纪两次世界大战给世界人民带来了巨大的灾难,基本人权遭到践踏。1945年,联合国成立并通过了《联合国宪章》,第一次将人权规定在国际组织的纲领性文件中,宣布为使"后世免遭今代人类两度身历惨不堪言之战祸,重申基本人权、人格尊严和价值,以及男女与大小各国平等权利的信念",并规定联合国的宗旨之一是"促成国际合作……不分种族、性别、语言或宗教,增进并激励对于全体人类和人权及基本自由之尊重"。根据该宪章的要求,联合国于1946年成立了人权委员会,并于1948年通过了《世界人权宣言》,该宣言的第3条至第21条,详细的规定了公民权利与政治权利。其中第16条内容为:"(一)成年男女,不分种族、国籍或宗教的任何限制,有权婚嫁和成立家庭。他们在婚姻方面,在结婚期间和在解除婚约时,应有平等的权利。(二)只有经男女双方的自由和完全的同意,才能缔婚。(三)家庭是天然的和基本的社会单元,并应受社会和国家的保护。"为使这些规定具有法律上的约束力,联合国大会要求人权委员会尽快起草制定国际人权公约及执行措施。1966年的《公民权利与政

---

① 何群:《论"公民权利与政治权利国际公约"视野下的事实身份关系》,载《江西财经大学学报》2010年第6期。

治权利国际公约》在这种国际背景下出台。该公约第 23 条的规定与《世界人权宣言》第 16 条规定一脉相承。

一、问题的提出

对于现代同居身份关系,主流理论认为,这是一国国内婚姻家庭法面临的现实问题,如果有涉外因素则是一国国际私法面临的现实问题,很少有从国际法学的视角研究该问题。我们从国际法学视角提出该命题,基于两点:

一是中国与《公民权利与政治权利国际公约》的关系。中国政府 1998 年 10 月签署了(现正在等待全国人大常委会批准)1976 年 3 月 23 日正式生效的《公民权利与政治权利公约》,该公约有关条款保护的婚姻家庭关系含有事实身份关系,且公约确立的标准和我国现行的法律制度有差距。尽管我国目前还没有正式批准该公约,不是公约的缔约国,但该公约在我国的批准和实施只是时间问题。近年来,中央领导已多次郑重表示,我国将尽快批准该公约。① 这意味着一旦经立法程序批准了该公约,我国就有义务受公约的制约,即表明我们向世界宣称作为成员国应承担提供人权和保障人权的责任。

二是个人的国际法主体资格成立。从国际法学的视角研究同居事实身份关系的国际人权法律保障,必然要探讨同居事实身份关系当事人的国际法主体资格,即个人的国际法主体资格问题。

关于个人有无国际法主体资格的问题,国际法学界是有争论的。第

---

① 2004 年 1 月 27 日,国家主席胡锦涛在法国国民议会发表演讲时庄严指出:"中国已加入了 21 个国际人权公约。中国全国人大已经批准了《经济、社会和文化权利国际公约》。中国政府正在积极研究《公民权利与政治权利国际公约》涉及的重大问题,一旦条件成熟,将向中国全国人大提交批准该公约的建议。"2004 年 5 月,温家宝总理在访欧期间,2005 年 9 月,中共中央政治局常委罗干在北京召开的第 22 届世界法律大会上,都作了类似的郑重表态。2005 年 10 月 19 日中国政府颁布的第一份《中国的民主政治建设》白皮书第七部分"尊重和保障人权"中明确指出,对于《公民权利与政治权利国际公约》,"目前,中国有关部门正在加紧研究和准备,一旦条件成熟,国务院将提请全国人大常委会审议批约问题"。

第四章 现代同居事实身份关系涉及的理论

一次世界大战以前,"国家是国际法的唯一主体"的观点,成为国际法的传统学说,从而否定了个人具有国际法主体资格。第一次世界大战以后,欧美国际法学者中出现了两种不同形式的"个人主体"说:"个人是国际法的唯一主体"说与"个人与国家都是国际法主体"说。① 我国国际法学者对个人是否是国际法主体的看法,有一个从否定到肯定的变化过程。② 当代一般认为,国际人权法作为国际法的一个重要组成部分,它不同于传统国际法的一个重要特征,就是个人在一定条件下可以成为国际法的主体。因为从当今国际社会的实践与若干涉及个人在国际法上权利、义务、责任的规定来分析,在国际法的某些领域,个人实际上已经直接承受了国际法

---

① "个人是国际法的唯一主体"说认为,组成国家和社会的基本粒子是个人,只有个人才是国际法主体。理由是:国家的行为总是通过个人的行为表现出来的,国际法所调整的国家行为,实际上是以国家机关的代表身份活动的个人行为;国家的权利与义务总是通过个人来承受,所以国家的权利与义务也是组成国家的那些个人的权利与义务。"个人与国家都是国际法主体"说,代表性的学者有美国的杰赛普教授和英国的劳特派特。美国的杰赛普教授在他所著的《现代国际法》一书主张,国际法应直接适用于个人,使其同国家一样成为主体。"国际法应界定为是适用于国家相互关系中的国家以及个人与国家之间关系中的个人的法。"英国的劳特派特在其修订的第8版《奥本海国际法》中指出:"虽然国家是国际法的正常主体,然而国家可以把个人和其他人格者视为直接具有国际权利和义务的,而且在这个限度内使他们成为国际法主体。"詹宁斯、瓦茨修订的第9版《奥本海国际法》重申了上述观点。梁西:《国际法》,武汉大学出版社2005年版,第61~62页。

② 1976年出版的周鲠生教授的遗著,明确指出:"个人不是国际法主体。"见周鲠生:《国际法》(上册),商务印书馆1981年版,第62页。1981年王铁崖主编的《国际法》教科书也认为,自然人和法人"在国际关系中,它们不具有独立参加国际关系和直接承受国际法上权利义务的能力,因而没有资格成为国际法的主体。"见王铁崖:《国际法》,法律出版社1981年版,第98页。1994年李浩培教授在其著作中指出:"个人也可以直接享受国际法上的权利和负担国际法上的义务,因而国际社会至少已趋向承认个人为部分国际法主体。见李浩培:《国际法的概念和渊源》,贵州人民出版社1994年版,第22页。2005年由邵津教授主编出版的《国际法》教科书指出,"现在比较通行的看法是认为个人是国际法的主体"。见邵津:《国际法》,北京大学出版社、高等教育出版社2005年版,第11页。梁西教授主编的《国际法》教科书第一版是1993年版,2005年修订版中也指出,"在特定情况下,个人可以成为部分国际法律关系,如国际人权法、国家法律责任法和某些范围内国际争端的主体"。见梁西:《国际法》,武汉大学出版社2005年版,第63页。

上某些个别权利、义务和责任。如有关国际人权公约对人的权利的规定；有关国际犯罪的公约对个人责任的规定；某些解决争端公约对个人在解决争端程序中的地位和权利的规定等。其中对人的权利规定的国际人权公约有：1948年的《世界人权宣言》；1966年的《公民权利和政治权利国际公约》与《经济、社会及文化权利国际公约》；1951年《难民地位公约》与《妇女政治权利公约》；1980年《消除对妇女一切形式歧视公约》；以及对战俘、伤病员、战争受难者、平民的人道主义待遇的日内瓦公约等。上述国际公约所规定的人权，是直接规定个人的权利，还是规定缔约国应承担给予个人权利的义务？应该说，公约既规定了个人的权利，也规定了缔约国给予个人权利的义务。个人是公约的直接受益者，个人依公约所享有的权利和待遇，无疑是一种国际法上的权利。① 因而，个人在一定的范围内是国际法的主体。事实身份关系当事人的国际法主体资格，在国际人权法律保障这一特定范围内应当成立。

基于以上背景及分析，我们认为，从国际法学的视角研究同居事实身份关系问题，一方面开辟了一个研究同居事实身份关系法律保护的新视角；另一方面其结果也不会相同。这一研究对如何协调国内婚姻家庭法与国际私法中的婚姻家庭法，以及国际法上的婚姻家庭法，有一定的理论与现实意义。

二、解读《公民权利与政治权利国际公约》的有关条款

《公民权利与政治权利国际公约》是1966年12月16日，由第21届联合国大会以106票一致通过，并开放给各国签字、批准和加入。按照公约第49条规定，公约于1976年3月23日正式生效。截至2007年4月19日，已有160个国家批准或加入了该公约。② 另有包括中国在内的5

---

① 梁西：《国际法》，武汉大学出版社2005年版，第62~63页。
② 邓成明、杨松才：《〈公民权利与政治权利国际公约〉若干问题研究》，湖南人民出版社2007年版，第2页。

个国家已经在《公民权利与政治权利国际公约》上签字(以下简称《公约》)。① 《公约》由6部分共53条组成。其中,涉及婚姻家庭的条款,除第3条男女平等权的规定外,主要是第23条的规定。围绕《公约》第23条的规定,还需对该条的保留现状、《公约》的"克减条款"、人权事务委员会的作用及第一任择议定书的批准等进行解读。

一是《公约》第23条。《公约》第23条的内容为:"(1)家庭是天然的和基本的社会单元,并应受社会和国家的保护。(2)已达结婚年龄的男女缔婚和成立家庭的权利应被承认。(3)只有经男女双方的自由和完全的同意,才能缔婚。(4)本公约缔约各国应采取适当步骤以保证缔婚双方在缔婚、结婚期间和解除婚约时的权利和责任平等。在解除婚约的情况下,应为儿童规定必要的保护办法。"从该条规定我们不难解读它将私法中的身份关系作为一种人权加以保护。

《公约》第23条第1款,即对家庭的保护。该款采纳了《世界人权宣言》第16条第3款的原文,与《美洲人权公约》第17条第1款的措辞完全相同。"家庭是天然的和基本的社会单元"的社会功能在人权委员会上未受到质疑,而是根据《世界人权宣言》第16条作为一种公理被采纳。在联合国大会第三委员会上,有些代表对在《公约》中规定这样一个原则是否合理表示了怀疑,但是大部分人还是赞同保留这个规定,最后第23条第1款得到一致通过。这种公理式的规定以及赋予这个基本的社会单元——家庭,它在很大程度上不是根据社会因素而是根据生物因素定义的。因而该款"天然"两字,表明组成家庭是天赋人权,并不是来自国家赋予人的权利。不管法律是否认可,它是一种客观存在的权利。这种人应有的权利规定于《公约》中,则为一种法定权利,即个人在国际法上的权利,而国家负有保障个人权利实现的义务。这就必然导致,对"家庭"一词应广义理解。除了血缘关系及确立家庭关系的合法形式(婚姻、收养)外,还有一些标准对家庭的存在也是至关重要的。其中,最为重要的是一起生活、经济联系或其他形式的密切和固定关系。因而,《公约》第23条第

---

① 邓成明、杨松才:《〈公民权利与政治权利国际公约〉若干问题研究》,湖南人民出版社2007年版,第7页。

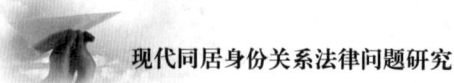

1款,即对家庭保护的适用范围,除了保护因婚姻而成立的家庭外,还保护因同居而建立的家庭。此点在巴拉格·桑塔卡纳诉西班牙案(Balaguer Santacana v.Spain)中,得到了人权委员会的重申。

《公约》第23条第2款,即缔结婚姻和成立家庭的权利。缔婚权(法文文本中为"de se marier")要求缔约国将婚姻规定为一项法律制度,即规定为达到最低年龄的两个人(仅指男女)之间的一个私法契约,并且为缔结具有法律认可的婚姻提供程序上的保障。该款是《公约》中唯一一项使用"男女"这一表述,而不是"每个人"、"人人"或"所有人"这样的表述来界定权利的实质性条款。这种表述被人们一致和一贯地理解为:缔约国根据《公约》第23条第2款所承担的条约义务是仅承认希望相互结婚的男女之间的结合为婚姻。由于同性婚姻已被一些国家法律认可的客观存在,就会产生缔约国根据《公约》是否有义务保护同性婚姻的问题。根据传统的理解,婚姻制度只适用于异性婚姻。这一传统观念得到了《世界人权宣言》第16条第1款、《欧洲人权公约》第12条、《美洲人权公约》第17条第2款和《公约》第23条第2款的强调,并且得到欧洲人权法院的判例法的支持。这些均表明:至少就目前而言,根据《公约》第23条第2款不能推导出缔约国有正式承认同性伴侣的权利的义务,但我们也应考虑到,世界各国在该方面的观点正在发生迅速的变化,因而,《公约》第23条第2款限于男女的措辞并不一定排除在未来对其作更为广义的解释。关于结婚年龄,在英文文本里,《世界人权宣言》以及妇女委员会均使用"成年"一词,而《公约》第23条第2款、《欧洲人权公约》和《美洲人权公约》使用的是"已达结婚年龄"。人权委员会一致同意应由各缔约国决定具体的缔婚年龄。联合国大会为实施该《公约》采纳了一项建议,将结婚最低年龄定为15岁。因各国结婚年龄的不同,我们的理解是:国内结婚符合国内婚姻家庭法,涉外婚姻一般依当事人属人法或婚姻缔结地法这一系属公式找到相应的准据法,符合准据法所在地的法律即可。成立家庭的权利(法文文本中为"de fonder une famille")与缔婚权密切相关。但《公约》中该款表述不同于《世界人权宣言》第16条第1款、《欧洲人权公约》第12条和《美洲人权公约》第17条第2款的有关规定。如在有关《欧洲人权公约》第12条的传统案例法中,成立家庭仅仅是作为结婚的结果而得到保

第四章 现代同居事实身份关系涉及的理论

护。再如法国曾提交了一项动议,认为应将家庭的定义仅限于婚内家庭,但这项动议在人权委员会中未获通过。而《公约》第23条第2款保护一切为成立家庭而实施的行为。包括有或没有孩子的婚姻、同居关系及其他一切形式的符合各国各自的法律文化特色而建立的家庭。由于《公约》第23条第2款限于男女的措辞,《公约》第23条第2款中建立家庭的权利似乎也只适用于异性夫妇,即生活在一起的同性伴侣,不管有无孩子,不受该款家庭权的保护。

《公约》第23条第3款,即自由缔结婚姻权。这一基本人权法律观表明:主观上婚姻的缔结是双方当事人完全自愿、协商一致的结果,反对胁迫、欺诈、乘人之危等单方面意思表示,反对第三者干涉。该款表达了缔结婚姻权所具有的高度个人特征,是《公约》第23条第2款规定的补充。根据第2款,只有达到结婚年龄的人才有缔结婚姻的权利。且达到结婚年龄的男女在合格的国家机构前明确宣称他们愿意互为结婚,此宣称是在神志正常没有强制、欺骗或胁迫时作出的,才形成婚姻。因而,根据《公约》第23条第3款,缔约国有义务禁止法律上无行为能力的人或智力缺陷或醉酒或受毒品影响而在缔结婚姻时神志不正常的人结婚。

《公约》第23条第4款第1项,即缔婚双方的平等权。我们的理解是,这一基本人权法律观表明:男女双方在缔结婚姻、婚姻关系存续期间和解除婚姻关系三个时间段享有平等的权利,承担平等的责任。对此,《公约》的状况是:第23条第4款源自《世界人权宣言》第16条第1款。而《欧洲人权公约》在很长时间内没有与《公约》第23条第4款相对应的条款。在人权委员会上,法国的一项提议弱化了这一严格规定,这样各缔约国只需要朝着平等的方向修改其立法的义务即可。而且,在起草有关国家报告程序的条款的过程中,人们指出,配偶双方平等权是《公约》中唯一不直接适用的权利,各缔约国仅有逐渐实施的义务。联合国大会第三委员会经过广泛讨论,于1961年提交了一份由14个国家签署的修正案。据此,缔约国必须"保证缔婚双方权利和责任平等"。由于这种规定对于许多代表来说影响太深远,菲律宾动议在该条中加入"采取适当步骤以保证"这一短语。菲律宾代表该规定的所有15个发起国明确向反对制定一项影响过于深远的平等规定的国家保证;这一表述仅构成逐渐实施的义务。这就使得《公约》第 23 条第 4 款以 76 票赞成,1 票反对(爱尔兰)和 7 票弃权的表决结果得以通过。上述分析可知:在中国大陆对于符合结婚实质要件的未婚异性因同居而形成的事实身份关系,作为人们选择的一种生活方式,依《公约》的规定,无疑是被视为"家庭",受该《公约》的保护。

对《公约》第 23 条的保留问题。"条约必须信守"作为国际法的基本原则,但保留条款除外。条约是作为国际法主体间就权利义务关系缔结的一项书面协议,构成现代国际法首要的法律渊源,是一种严格法律意义上的渊源,具有法律约束力。其意义在于为国家间的相互信赖创造条件,为维护和发展正常的国际关系、保障国际和平与安全提供法律依据。这一原则在国际法理论上,不论根据什么学说,也不论属于哪种学派,看法均一致。在国际实践中,该原则得到许多国际法判例的支持,也为一系列重要的国际法文件反复声明。国际法上的条约对缔约国或参加国具有法律拘束力,但保留条款除外。就《公约》第 23 条而言,目前只有 4 个国家对其提出保留或解释。以色列和科威特都以婚姻家庭问题受宗教法调整为由对其提出保留。英国考虑到其所属的所罗门群岛的一些地方仍然实行习惯婚姻而对第 23 条第 2 款提出保留。同时,它也对该条第 4 款第 1 项提出保留,理由是该款关系到执行住所地法时可能引起不平等。比利时则对该条第 2 款提出了自己的理解,认为达到适婚年龄者的结婚权和组建家庭的权利,不仅应规定适婚年龄而且行使结婚权的方式也应当由国内法加以规定。我国在批准该《公约》时,是否对第 23 条进行保留?笔者认为,没有保留的必要。理由:其一,《公约》第 23 条的规定与我国《宪法》和相关部门法(如《婚姻法》)所确定的婚姻自由、男女平等原则或精神完全一致。我国《宪法》第 49 条规定:"禁止破坏婚姻自由。"《民法通则》第 103 条规定:"公民享有婚姻自主权。"《婚姻法》第 2 条将婚姻自由规定为一项基本原则,第 5 条又对结婚自由的正反两方面作了规定,即"结婚必须男女双方完全自愿,不许任何一方对他方加以强迫或任何第三者加以干涉"。这些规定与《公约》确定的自由缔结婚姻权完全一致。我国《宪法》与《婚姻法》均有男女平等原则的规定。《宪法》中的男女平等原则是指男女双方在政治、经济、法律、文化和家庭生活等方面都享有平等的权

第四章 现代同居事实身份关系涉及的理论

利,承担平等的义务。《婚姻法》中的男女平等原则是《宪法》中的男女平等原则的具体体现,是指男女两性在婚姻关系和家庭生活的各个方面,都享有平等的权利和承担平等的义务的婚姻制度。这些规定与《公约》确定的婚姻领域男女平等权完全一致。其二,《公约》的规定与 2004 年我国《宪法》确定的"尊重和保障人权"的精神一致。虽说《公约》确定的以达到适婚年龄为条件,男女缔结婚姻和组成家庭是人应有的权利上升为法定权利,与我国国内立法结婚除了达到适婚年龄外,还需符合其他实质要件,及形式要件上须以登记为婚姻成立的规定有差异,但《公约》的规定与 2004 年我国《宪法》明确规定"尊重和保障人权"的精神一致。因为这里的"人权",我们不能简单或狭义地理解为只尊重和保障法律规定的权利即法定人权,还应当包含一定条件下自然人应有的人权。其三,中国是联合国的成员国,便自然地要认同联合国宪章及《世界人权宣言》的精神与内容,且《世界人权宣言》第 16 条的规定与《公约》第 23 条的规定完全一致。

二是关于《公约》的"克减条款"。"克减条款"即允许国家在某些情形下单方面决定停止履行条约的义务。具体内容规定于《公约》第 4 条、第 5 条中。第 4 条有以下要点:第一,克减的必备条件,"在社会紧急状态威胁到国家安全并经正式宣布时"缔约国所为的行为。第二,克减的程度,"以紧急情势所严格需要者为限"。第三,克减的禁止条件,体现在"三个不得"中,即不得与它根据国际法所负有的其他义务相矛盾;不得包含纯粹基于种族、肤色、性别、语言、宗教或社会出生的理由的歧视;7 种人权不得克减,即不得根据第 4 条克减生命权(第 6 条)、禁止酷刑权(第 7 条)、禁止奴隶制和不得强迫劳役(第 8 条第 1 款、第 2 款)、禁止因欠债而被监禁(第 11 条)、禁止有溯及力的刑事立法(第 15 条)、承认在法律上的人格(第 6 条)以及思想、良心和宗教自由(第 18 条)。第 5 条有以下要点:第一,对《公约》确定的权利解释的限制,即本公约中任何部分不得解释为隐示任何国家、团体或个人有权从事任何旨在破坏本公约所承认的任何权利和自由或对它们加以较本公约所规定的范围更广的限制的活动或行为。第二,缔约国存在或被承认的权利,不得以《公约》为借口加以限制或克减,即对于本公约中的任何缔约国中依据法律、惯例、条例或习惯

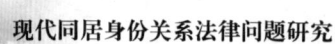

而被承认或存在的任何基本人权,不得借口本公约未予承认或只在较小范围上予以承认而加以限制或克减。以上解读可知,一般情况下,婚姻家庭中的人权虽说不属于7种不得克减的人权,但也难以符合克减的必备条件和克减的程度。也就是说,《公约》第23条确定的婚姻家庭方面的人权不会被克减。目前从所有已经批准或加入《公约》的成员国来看,只有法国和美国对第4条作了一番解释,旨在说明其本国法律已经有了关于国家在"紧急情势"下的规定,并且解释说其本国法律的规定与该公约规定的精神不相冲突。同时美国认为第5条的规定不完善,应当将第19条第2款(自由发表意见的权利)列入不可克减的条款,宣称美国将坚持美国宪法严格保护公民言论自由的规定。

三是关于人权事务委员会与第一任择议定书。前者见于《公约》的第4部分,该部分规定设立由18人组成的人权事务委员会作为监督机构以监督公约的执行情况:成员国要定期向人权事务委员会就执行公约的情况提交报告,联合国将以公约的标准衡量该国的人权状况,如果有与公约规定不相符合的情况,有可能受到人权事务委员会的点名或批评。依《公约》第41条,在缔约国承认人权事务委员会权限的前提下,委员会有权接受和审议一缔约国对另一缔约国不履行《公约》的指控。这一规定就婚姻家庭中的人权而言,可能会出现缔约国之间对国内或涉外婚姻家庭关系中的当事人没有予以《公约》的人权法律保护而受到指控。第一任择议定书,共14条,重要内容是:一国公民认为其基本人权受到政府的侵犯,并且在国内救济穷尽的情况下,可以向联合国人权事务委员会对其本国政府提出控诉。这在人类历史上是前所未有的。它要求各国政府将对基本人权的尊重提到一个新的高度。截至2006年12月6日,共有109个国家批准或加入了该议定书。如果我国批准了第一任择议定书,可能会出现一定条件下的中国公民就婚姻家庭中的人权受到侵犯,在国内救济穷尽的情况下,向联合国人权事务委员会指控中国政府的情形。

三、解读《公民权利与政治权利国际公约》有关条款的启示

分析《公民权利与政治权利国际公约》有关条款可知:同居事实身份

第四章 现代同居事实身份关系涉及的理论

关系在该公约中为"家庭"而受保护,而我国国内司法解释为"同居关系",不受法律保护,以至于我国国际私法上的涉外同居事实身份关系法律冲突的解决,不可能有对应的同居关系的冲突规范适用。为了协调国际法与国内法关于同居事实身份关系的条款,同时避免我国将来就公约的上述规定,遭到缔约国间的指控,或本国公民向联合国人权事务委员会提出的指控,解读《公民权利与政治权利国际公约》上述条款的启示是:从人权的视角建构中国同居事实身份关系为同居法律身份关系的理由成立。中国符合结婚实质要件的异性未婚同居事实身份关系建构为同居法律身份关系,可从前述自由权、平等权、人权存在的形态等方面找到释义。

第六节 既得权说的当代运用

国际私法发展史上的既得权说是英国牛津大学法学教授戴西(Dicey,1835—1922)的观点。学说的背景是19世纪后期,英国作为侵占众多殖民地的"日不落帝国",一方面面临后起的资本主义国家的竞争,另一方面又受殖民地人民的打击,为了维护其在海外的既得利益而产生了既得权说。1896年出版的《法律冲突论》一书集中阐述了该观点。戴西"既得权说"理论的核心是,法官只负有适用内国法的义务,他既不能直接承认或适用外国法,也不能直接执行外国的判决,法官所能做的仅仅是保护诉讼当事人根据外国法或外国判决所取得的权利。因而,外国法对内国没有域外效力,域外效力只是内国承认与执行依外国法获得的权利。换而言之,域外效力不是给予外国法,而是给予它所创设的权利的。该学说曾得到许多国家法学家的拥护。美国比尔主持编订的《第一次冲突法重述》(1934年),就把这个观点作为该《重述》的理论基础。比尔也认为,"当法律产生一个权利时,这个权利本身就成了一个事实,除非它被自己的法律所改时,它应该在任何一个地方得到承认"。戴西"既得权说"创设的目的是调和适用外国法和国家主权之间的矛盾,在当时主要是为了保护帝国主义国家已经侵占或掠夺到的既得权服务,但结果却陷入了更大的矛盾中。因为他一方面坚持法院不能适用外国法,不承认外国法的域外效力,另一方面却又企图使根据外国法取得的权利受到保护,这在法律逻辑上是不能自圆其说的。因为既得权利的来源或依据是外国法,保护既得权利,就是承认赋予该项权利的外国法的域外效力。因此,第二次世界大战后英美国家的国际私法著作已出现摆脱该理论的倾向,如,1949年戴西的学生们在续编他的《法律冲突论》第6版时,已经对既得权说进行了修改,1967年该书第8版已完全删去这一学说;1971年李斯为美国法学会的报告员主持出版的《第二次冲突法重述》,完全放弃了既得权学说。尽管如此,在国际私法的发展史上,既得权学说还是起过积极作用的。因为保护既得权利,如果撇开帝国主义保护自己既得的掠夺利益不谈,凡不与公共秩序相抵触的,均有利于国际民事法律关系的稳定性。这恰好是国际私法的重要目的和任务。针对中外各国或地区对广义的同居事实身份关系法律保护的差异大,在我国既无未婚异性或同性同居事实身份关系不合法的法律依据,也无保护该同居事实身份关系的实体法与冲突法的现状下,一定条件下(不违背公共秩序保留、法律规避、直接适用的法等制度)外国法律允许具有中国国籍的当事人之间,中外当事人之间在有关国家缔结的具有法律身份的同居关系或同性婚姻,即为取得了既得权。对该既得的法律身份权及其在此基础上财产权的承认与保护,则是该理论具有的现实意义。

第五章 现代同居事实身份关系法律保护已有的思考

我国学者对现代同居事实身份关系法律保护的探讨,伴随着登记婚法律制度的确定而产生,具有时间长、论述多、表述各异,且至今仍为理论与实践的热点与难点问题。本书仅对以下具有代表性的观点进行梳理与评析。

第一节 仪式婚的法律保护[①]

一、仪式婚到登记婚急剧变革的严重后遗症

从仪式婚到登记婚的急剧变革的严重后遗症,即引起了法律制度与传统习俗之间的激烈冲突。就结婚的立法政策而言,各国因自己的风俗习惯、宗教信仰、法律传统不同而有所差异,主要有事实婚主义、仪式婚主义和登记婚主义三种。事实婚主义没有任何结婚形式的要求,法律仅依据男女共同生活之事实就承认婚姻的法律效力,其主要缺陷就是国家无法贯彻其婚姻政策。仪式婚主义要求当事人必须履行一定的宗教仪式或习俗上的仪式。仪式婚简便易行,但由于仪式并无明确的判断标准,这就

---

① 于海涌:《仪式婚的法律保护》,载《法学》2007年第8期。

有可能使当事人的婚姻关系长期处于不确定状态。相比较而言,登记婚主义具有更多的优势,以结婚登记来判断男女双方婚姻关系,其公示力较强,也容易查证核实,能够有效维护社会伦理。当然,登记婚主义并非完美无缺,一旦欠缺登记程序,就容易导致事实婚姻的产生,所以在登记婚主义下如何保护事实婚姻便成为一个关键问题。依中国古制,素来注重结婚仪式,而结婚仪式又以"六礼"为主。时至今日,媒人、订婚、彩礼、迎亲等习俗在中国的不少地区仍普遍存在,中国举行结婚仪式的习俗源远流长。中华人民共和国成立以后,着手对全部社会制度进行根本改革,于是通过立法将仪式婚一举废除,转而改采登记婚,判断婚姻成立与否丝毫不受仪式之影响,这种激进的改革引起了法律制度与传统习俗之间的激烈冲突。从立法目的上观察,我国选择登记婚主义的确有其合理性,但民间流传已久的习俗根本不可能因立法者的一纸法令在一夜之间销声匿迹,这种激烈的法律改革因此留下了严重的后遗症。

二、对废除仪式婚的立法与司法解释的分析检讨

中华人民共和国于 1950 年和 1980 年颁布了两部《婚姻法》,虽然在立法上确立了登记婚主义,但对于没有办理登记的仪式婚该如何处理均未作明确规定。2001 年修订后的《婚姻法》第 8 条中明确规定:"未办理结婚登记的,应当补办登记。"最高人民法院在《婚姻法》修改后颁布的司法解释中规定:"未补办结婚登记的,按解除同居关系处理。"通过对以上立法资料的简单梳理可看出:在 2001 年《婚姻法》修订前立法机关对仪式婚的态度尚不明朗,但 2001 年修订后的《婚姻法》对此态度则非常明确,即没有补办登记的仪式婚将不受法律保护。事实表明,虽然我国在立法上确立了登记婚主义,但民间一直在进行着顽强的抵抗,举行婚礼而不办理登记的现象仍然在一定范围内存在。因此,登记婚主义有以下立法弊端:(1)没有把握好"变法"的合理限度。法律的发展有其自身的规律性,尤其是在"变法"之际,立法者必须合理地掌握其"度",如果激进的改革超出民众所能承受的范围,其结果必然是法律制度本身陷入窘境。立法者不能仅仅关注自己希望达到的意图,而不关注该意图在民众中的实施过

程,否则仅仅出于善良动机的立法,其向实际生活领域的渗透将是极为艰难的。当人们不仅感觉不到法律在为他们谋福利,反而更多感到的是法律的不便和对生活的无谓干扰时,人们势必会在现实生活中尽可能地对这种法律予以规避。(2)忽视了民众沿袭传统的基本心态。沿袭传统的基本心态是立法者尊重民商法律的稳定性、继承性所立足的文化心态。由于婚姻家庭关系往往发生在具有一定亲缘关系的熟人之间,其中的相互关系往往具有较强的封闭性,这使得历史积淀起来的关于婚姻家庭的行为模式难于受到外界的干扰,如果国家试图凭借国家权力简单粗暴地取缔传统的民间习俗,取而代之以立法者设计的宏伟蓝图,那么势必会因立法与文化心态的抵触致使立法成本与收益极不相称。(3)过于迷恋法律的强制力。法律制度得以切实有效实施的根本保证是它能为社会所普遍接受,而不是国家的强制力。在一个法律得以有效实施的国家里,依靠国家强制力加以制裁的违法者的人数远远少于那些遵纪守法的公民。在制定法与传统习俗冲突之际,在法律的严厉打击和制裁之下,民众害怕承担不利的法律后果,有可能在一定程度内有所收敛,但是如果希望把法律的强制力作为维护社会秩序的唯一保障,那么达到立法目的将极为艰难的。强制性制裁的需要愈少,法律就愈能更好地实现其巩固社会和平的目的。(4)没有解决好手段和目的的关系。国家之所以制定婚姻法,其最终目的在于确保民众的婚姻幸福,而婚姻登记制度只是实现这个目的的手段。如果当事人自觉遵守了结婚的所有实质要件,仅仅欠缺登记这种形式要件,就无从获得法律的保护,这种法律上的制裁对于当事人而言,未免失于过重。毕竟婚姻法律的最终目的不在于促使当事人进行登记。(5)补办登记制度导致弱势方处于不利境地。根据立法者关于补办登记的规定,在法院审理这类事实婚姻的"离婚"案件时,法院理所当然会在案件受理前要求当事人补办结婚登记,否则就按解除同居关系处理。"先结婚,后离婚"的制度设计从逻辑上讲可谓天衣无缝,但其实施的效果却颇值怀疑。在离婚之际,往往双方的强弱地位已经明朗,处于强势的一方通过拒绝补办登记就可轻易达到目的。

在现实生活中,没有举行任何仪式的纯粹事实婚姻相对较少,绝大多数所谓的事实婚姻都举行了结婚仪式。对于应当办理登记而没有办理登记手续的仪式婚,应当如何处理立法者并没有作出相应明确的规定,可谓法律漏洞。长期以来司法机关在判断婚姻成立与否时基本上不考虑结婚仪式,甚至不作事实婚和仪式婚的区分,一律统称为事实婚姻。通过前述最高人民法院一系列关于事实婚姻的司法解释分析检讨仪式婚保护中存在的法律问题:(1)最高人民法院的妥协和强硬。(2)最高人民法院的解释方法和价值判断。在立法机关对婚姻登记制度几乎没有作任何改变的情况下,最高人民法院通过司法解释历经数年最终完成了从肯定到否定,从保护到打击,从容忍到强硬的艰难转变过程。从民法解释方法上考察,最高人民法院在对仪式婚持"肯定、保护、容忍"态度时采用的解释方法为类推适用,而在持"否定、打击、强硬"态度时采用的解释方法则为反对解释。类推适用的关键在于对待处理案件的利益与立法者所制定法律中最重视的利益因素进行对比,以期作出合理的价值判断。因此,在决定是否进行类推适用之前,首先就要确定各种相关利益的要素,当确定待处理案件中包含法律某项规定的最重要的利益要素时,即可对该案作出与法律某项规定的处理方法相同的处理。婚姻登记制度中的利益因素是什么?1950年《婚姻法》起草理由报告在论及结婚登记制度所保护的利益问题时,指出"人民政府不把人民婚姻问题当作处于社会国家公益以外的利益,而是看作社会国家的男女成员间公私利益统一的大事"。由此可见,法律所规定的婚姻的形式要件兼顾了公益与私益这两个重要的利益因素。最高人民法院对仪式婚所作的司法解释,先采类推适用,后采反对解释,其价值判断在公益和私益的保护上摇摆不定。显然前者更注重个人私益之保护,承认制定法与传统习俗之冲突,对仪式婚之效力予以肯定;后者则更注重公益之维护,对在法律之外之婚姻予以制裁。(3)最高人民法院司法解释中存在的缺陷。最高人民法院对仪式婚先采类推适用,后采反对解释,在价值判断上从一个极端走向了另一个极端。对仪式婚类推适用登记婚之规定,承认仪式婚之效力,其缺陷:司法机关有不严格执法之嫌;放纵对公共利益的潜在威胁;助长了仪式婚的继续滋生。比照登记婚而对仪式婚采反对解释,否定仪式婚的法律效力,其弊端:忽视了当事人的婚姻幸福,诱发家庭中的不稳定因素。

三、仪式婚法律保护的建议——仪式婚的弱度保护和转正

学者不反对我国采纳登记婚主义,而是认为,对于民间长期存在的习俗,如果我们不把它当作陈规陋俗而与正规法律制度尖锐地对立起来,反之能够正确地认识这种传统习俗的积极价值并加以有效的利用,实际上这可以对婚姻法的实施起到有益的推动作用。即建立一个鼓励当事人办理登记的激励机制,从而实现从仪式婚到登记婚的平稳过渡。建议有三点:(1)肯定结婚仪式的公示功能。(2)对仪式婚进行弱度保护。学者认为仪式婚已具备婚姻生活之实际内容,考虑到当事人的家庭幸福以及社会秩序的稳定,对其保护应以不违反婚姻法之基本精神并能维护正常婚姻之存在为合理限度。在不破坏婚姻制度的前提下,对于维护婚姻生活不可或缺的人身权利及财产权利,仪式婚应与登记婚相同,但对于与夫妻身份有密切联系且不影响婚姻生活的人身或财产权利,则可以对仪式婚予以限制,这样方属妥当。具体而言,一夫一妻、男女平等、婚姻自由等婚姻法的基本原则对仪式婚同样适用。夫妻财产制、同居义务、忠实义务、协助义务、监护权与家事代理权,也应当与登记婚无异。仪式婚当事人毕竟欠缺合法之形式,对其下列权利则可以进行一定程度的限制:一是配偶身份权。事实婚姻当事人在法律上仍不能取得合法夫妻身份,自不待言。二是财产继承权。既然事实婚姻当事人在法律上不能成立夫妻关系,因此也就无从以配偶身份继承遗产。如果当事人之间扶养较多,可依《继承法》第14条之规定,将其视为继承人以外的对被继承人扶养较多之人,适当分得一定的遗产。三是婚姻解除权。事实婚姻不具备法定形式要件,其夫妻关系在法律上不予认可,任何一方均可依单方面意思终止事实婚姻关系,无需通过婚姻登记机关或法院办理离婚手续。四是子女婚生推定。事实婚姻当事人的夫妻身份不为法律所认可,因此其所生之子女一律为非婚生子女,不得适用婚生推定制度。(3)建立仪式婚的转正制度。对仪式婚的弱度保护毕竟只是权宜之计,最根本的解决之道,在于通过改进立法使仪式婚在一定条件下转化为合法婚姻关系。仪式婚可转化为登记婚有两种途径:一是生育子女。二是经过法定期间。如果仪式婚之当

事人并无子女出生,但如当事人以夫妻名义公然共同生活已经历相当一段时间,法律上也可直接将其转化为合法婚姻,即使当事人始终没有办理结婚登记,法律上也将认为其与登记婚具有相同的法律效力。

第二节 我国事实婚姻制度之重构与设立非婚同居法

有学者在分析介绍澳大利亚《事实伴侣关系法》关于事实伴侣关系的界定标准、事实伴侣关系的成立与解除、事实伴侣关系解除后当事人之扶养义务等内容的同时,指出我国对事实婚姻立法与司法解释条文少且立法不全面,认为我国事实婚姻制度之重构有以下设想。

一、我国事实婚姻制度重构的主要观点[①]

(一)我国事实婚姻制度重构的立法指导思想:保护人权

民法是权利法,以维护权利为理念。婚姻法作为民法的组成部分,权益保护贯彻其中。澳大利亚《事实伴侣关系法》的立法指导思想是保护人权,在事实伴侣关系解除时,对同居当事人之利益分配可能发生的不公正提供救济。我国固然对登记的法律婚姻应予保护,但对没有登记的事实婚姻当事人处于不利境地而向法院寻求救济时,法院也不能因为其未办结婚登记而不予救济。理由是贯彻男女平等原则不能只强调形式上的平等,更应注重现实生活中实质上的平等、结果上的平等。对事实婚姻中往往处于弱势的女方之权益给予保护,有利于保障妇女的人权,实现家庭关系中男女实质上的平等。因此,《婚姻法》应基于我国宪法"尊重和保障人

---

① 陈苇、高伟:《我国事实婚姻制度之重构——澳大利亚的〈事实伴侣关系法〉的启示》,载《法学杂志》2008年第2期。

权"的规定,以保护人权为立法指导思想,对符合结婚实质要件的,同居达到一定期间的事实婚姻给予承认和适度保护,这既体现了婚姻法之权利法的特征,也符合国际有关事实婚姻的立法趋势。

(二)我国事实婚姻制度之重构应遵循的原则

一是尊重当事人的意思自治原则。尊重当事人的意思自治,允许双方以书面协议约定其权利义务。澳大利亚的《事实伴侣关系法》对事实伴侣关系是采取非登记制的立法模式,当事人可通过协议处理其事实伴侣关系的成立和解除,以体现法律对公民个人意思自治和选择生活方式自由的尊重。婚姻家庭属于人们的私生活领域,在个人生活方式多元化的社会,法律应当尊重公民选择自己个人生活方式的自由意志,国家的干预应保持在一定限度内,即在不违反法律禁止性规定的前提下,法律应当尊重当事人的意思自治,允许同居双方当事人就其同居期间的权利义务及解除同居关系的子女抚养、财产分割问题等进行书面约定。

二是弱于登记婚姻效力的适度保护原则。与法律婚姻相区别,给予事实婚姻弱于登记婚姻效力的适度保护。澳大利亚视事实伴侣关系为准婚姻关系,不赋予其婚姻的效力,而是参照《家庭法》的有关规定解决事实伴侣当事人间的纠纷,以救济弱势一方当事人。该学者认为我国也应对事实婚姻与法律婚姻区别对待。对于事实婚姻,为了维护婚姻制度的严肃性,不能赋予其等同于婚姻的效力,只能给予其弱于婚姻效力的适度保护。理由是如果赋予其与婚姻同样的效力,使事实婚姻存续与终止时的效力与法律婚姻等同,就等于事实上抛弃了结婚的形式要件,结婚登记所具有的积极且重要的功能就无法发挥。

三是处理同居期间问题与处理善后问题并重原则。澳大利亚《事实伴侣关系法》以解除同居关系时之处理善后问题为立法重心。该学者认为,对处理善后问题的重视体现了保护事实婚姻当事人及其子女的权益的立法指导思想,需要立法者高度关注。并且对同居期间双方的权利义务,双方当事人有协议约定的,凡不违背法律禁止性规定的,法律也应予以认可。同时,应当考虑我国的实际情况,即在现实生活中事实婚姻双方当事人很少订立同居协议。因此,法律应当对事实婚姻同居期间的有关问题予以适当的规定。这样在当事人双方有协议时适用协议；无协议时则适用法律规定，从而避免"无法可依"的情况。

（三）我国事实婚姻的立法内容

一是事实婚姻的界定。该学者认为应借鉴澳大利亚对事实伴侣关系采取的非登记制的立法模式，不把办理结婚登记作为法律承认和保护事实婚姻的条件。提出事实婚姻的成立要件：第一，须有男女双方同居生活的事实，并持续两年。理由是我国2001年修正后的《婚姻法》第32条中规定，夫妻因感情不和分居满两年的，人民法院调解无效的，应准予离婚。因此，同居满两年可以作为认定事实婚姻成立的时间要件。第二，须男女双方以夫妻名义公开共同生活，即男女双方必须以夫妻名义公开共同生活，被群众公认是夫妻关系。第三，须男女双方均符合结婚的实质要件。

二是事实婚姻的效力。该学者认为在具体制度设计上，事实婚姻应当与法律婚姻相同。如同居义务、扶养义务、日常家事代理权，以及同居期间基于对家庭的贡献而产生的财产分割请求权等。但对不影响婚姻家庭生活稳定的一些法律婚姻当事人所享有的权利不必赋予事实婚姻，以维护结婚登记制度，如基于婚姻效力而产生的夫妻共同财产权、配偶继承权。当然，在事实婚姻存续期间，双方当事人如果补办结婚登记的，则事实婚姻转变为法律婚姻，从而具有婚姻的全部效力，这也可以鼓励事实婚姻双方当事人自愿补办结婚登记。

三是事实婚姻的解除及其后果。事实婚姻解除的方式，包括协议解除和诉讼解除。前者须双方自愿订立解除事实婚姻关系的书面协议，其内容包括子女抚养、财产分割等，协议一式两份，由双方当事人各持一份；后者须到人民法院提起诉讼解除。按照1989年最高人民法院《关于人民法院审理未办结婚登记而以夫妻名义同居生活案件的若干意见》第6条规定的精神，人民法院审理事实婚姻案件应当首先进行调解，经调解和好或撤诉的，建议其办理结婚登记；经调解不能和好的，应调解或判决解除事实婚姻关系。事实婚姻解除的后果。首先，事实婚姻当事人之间的财产分割问题不适用夫妻财产制的分割规定。当事人双方同居期间所得财产按照双方同居期间对家庭的直接和间接贡献进行公平分配。所谓直接贡献是指当事人对于财产有直接的生产经营或金钱的投入;所谓间接贡献是指承担了家务劳动、抚养子女等义务。其次,事实婚姻当事人的扶养权。事实婚姻关系解除时,一方当事人在符合下列法律规定的情形下可以请求他方扶养:一方因抚养和照顾双方在事实婚姻期间所生的子女,不能就业或影响经济收入而难以维持其生活的;在事实婚姻期间因从事家务劳动、抚养子女而导致未就业或半就业,事实婚姻解除后不能独立维持生活的。人民法院在确定扶养费的数额时,应当考虑以下因素:事实婚姻双方当事人的年龄、健康状况、劳动能力和专业技能、经济状况、住房状况以及双方生活的实际需要;事实婚姻持续时间的长短;当事人承担的供养其他人的责任;当地的一般生活水平。最后,事实婚姻解除时,父母对子女的监护和抚养,适用《婚姻法》有关离婚父母子女关系的规定。

二、我国设立非婚同居法[①]

同一主要学者在指出我国事实婚姻重构的同时,又提出了我国设立非婚同居法律制度的构想。主要观点为:

一是我国设立非婚同居法有社会基础。社会基础,是设立一种法律制度调整相应社会关系的现实出发点。在我国构建社会主义和谐社会的新时期,一方面,客观原因即我国婚姻家庭职能的转变。理由是近30年来,随着我国改革开放、计划生育政策的实施,经济和社会的发展带来了家庭职能的重大变化:生产功能从丧失到恢复;生育功能逐步退化;消费功能由单一到多元;赡养功能弱化;教育功能分化。作为传统家庭之基础的婚姻在人们生活中的重要性有所降低、个体的独立性增强。非婚同居在很大程度上承担或替代了婚姻家庭的某些职能,它的出现使家庭的形式走向多元化。主观原因即非婚同居现象的存在有其合理性,表现为:婚姻道德观念的改变,使非婚同居被民众接受和实践;非婚同居的具体缘由使非婚同居被人们理解和宽容(从促成非婚同居现象产生和发展的社会

---

① 陈苇、王薇:《我国设立非婚同居法的社会基础及制度构想》,载《甘肃社会科学》2008年第1期。

环境来看:非婚同居现象是经济、文化、人口等各种社会因素共同作用的结果;从个人选择非婚同居的具体原因看,非婚同居者或者是因为学习、就业等客观原因延迟了结婚年龄,或者是在为将来的婚姻做心理上或物质上的准备,或者是出于对共同生活成本的考虑,如有的为避免承担婚姻的义务、有的为减少对婚姻投入的损失,或者由于性取向因素在现行法律制度下无法结婚等)。也就是说,非婚同居者自主地选择这种生活方式各有其具体缘由,它是现代社会人们解决或缓解种种现实问题的一个途径。另一方面,由非婚同居引发的社会问题,如非婚同居中的弱者利益难以保障;非婚同居对未成年子女产生不利影响;非婚同居成为影响社会稳定的潜在隐患;非婚同居成为规避法律的手段等也不容忽视。因此,我国应当设立调整非婚同居关系的法律制度,以期及时预防和处理非婚同居引发的纠纷,保护当事人及其子女的权益,促进和谐社会的构建。这是设立我国非婚同居关系法的现实社会基础。

二是我国有关非婚同居法律的现状及其不足。即就 1994 年 2 月 1 日民政部《婚姻登记管理条例》施行之日起,没有配偶的男女未办结婚登记即以夫妻名义同居生活,其婚姻关系无效,不受法律保护;2001 年 12 月 24 日《最高人民法院关于适用〈中华人民共和国婚姻法〉若干问题的解释(一)》第 5 条规定:未按婚姻法第 8 条规定办理结婚登记而以夫妻名义同居生活的男女,起诉到人民法院要求离婚的,区分两种情况:(1)1994 年 2 月 1 日民政部《婚姻登记管理条例》颁布实施以前,男女双方已经符合结婚实质要件的,按事实婚姻处理;(2)1994 年 2 月 1 日民政部《婚姻登记管理条例》颁布实施以后,男女双方符合结婚实质要件的,人民法院应当告知其在案件受理前,补办结婚登记,未补办结婚登记的,按解除同居关系处理等规定进行分析,指出其不足。

三是我国非婚同居立法的构想。首先,立法模式选择。根据非婚同居的伴侣关系成立的形式及其法律效力,目前有关非婚同居法律制度的立法模式可以被概括为四种:等同于婚姻的同居登记制、等同于婚姻的同居不登记制、区别于婚姻的同居登记制、区别于婚姻的同居不登记制。该学者认为,借鉴外国立法经验,结合我国实际,在以婚姻作为法律保护的主要对象的前提下,建议我国非婚同居立法采取区别于婚姻的同居不登记制为主,兼采区别于婚姻的同居登记制为补充。主要理由有三:第一,采取区别于婚姻的同居不登记制为主,主要理由是对我国传统事实婚姻制度的继承和改造,可以填补我国现行非婚同居法律的漏洞。就前一理由而言,如果我国立法采用区别于婚姻的同居不登记制,把"事实婚姻"转变为"事实伴侣",符合一定条件的非婚同居伴侣将被作为"事实伴侣"赋予一些权利义务,法律给予其弱于婚姻的保护。这样,非婚同居与婚姻两者分别受到法律不同程度的保护,既为同居关系当事人权利的救济提供了渠道,又不影响婚姻制度的严肃性。就可以填补我国现行非婚同居法律的漏洞理由而言,如果采用区别于婚姻的同居不登记制来认定"事实伴侣"身份,是以其是否在实质上具有类似婚姻的共同生活关系为标准,而不论其同居是否以夫妻名义。第二,兼采区别于婚姻的同居登记制为补充,可以使非婚同居法律制度更能兼顾适应不同情况的非婚同居者之需求。非婚同居伴侣,对内部关系而言,无论是否进行登记,基于同居合同理论,都可以通过订立"同居合同"约定双方的权利义务。但对外部关系而言,只有通过登记而获得"登记伴侣"之身份,才能获得某些类似婚姻配偶的权利。第三,采取区别于婚姻的同居不登记制为主,兼采区别于婚姻的同居登记制为补充,体现了法律对非婚同居当事人自主选择个人生活方式意愿的尊重。法律允许同居当事人根据自己的实际情况,选择采取区别于婚姻的同居不登记制或选择采取区别于婚姻的同居登记制,这表明法律尊重非婚同居当事人自主选择个人生活方式的意愿,充分反映了婚姻家庭法的私法属性和权利法性质。具体内容设计,包括非婚同居关系的成立;非婚同居的法律效力;非婚同居关系的终止。在上述立法模式下,包括两种同居伴侣关系,即事实伴侣关系和登记伴侣关系。对于事实伴侣关系而言是认定标准,对于登记伴侣关系而言是实质要件。这两种关系的成立,都要求符合以下条件:同居的主体须为两个无禁婚亲或无禁婚疾病的异性或同性的成年人;同居双方均须无配偶、事实伴侣或登记伴侣;同居双方须持续地公开共同生活达到一定期间。非婚同居的法律效力:包括内部效力、外部效力和亲子关系的效力。内部效力含非婚同居当事人之间的人身关系(认为非婚同居双方当事人在人身方面不像婚姻配偶一样互负法定的忠实义务和同居义务,但违反这两项义务可能直接导致当事人之间的关系不符合事实伴侣关系的认定标准或登记伴侣关系的实质要件,从而不受法律的保护;非婚同居双方当事人有类似夫妻的日常家事代理权)与财产关系(含财产制、经济帮助请求权,以及针对对方遗产的权利)方面的效力。外部效力即除非婚同居当事人的权利外,涉及第三方利益或社会利益,大多都是由法律规定,而不是由当事人协议约定的(含身份与财产方面的设想)。亲子关系效力含非婚同居当事人之间自然生育、收养、人工生育形成的父母子女关系。非婚同居关系的终止:同居不登记制,事实伴侣关系的成立与解除都无须经过登记或诉讼程序,可依双方达成合意,或依一方的要求而终止,也可因事实上双方停止同居而终止。同居登记制,登记伴侣关系的成立与解除都必须经过登记程序。如果双方合意解除登记伴侣关系的,应共同到登记机关办理解除同居关系的登记手续,其登记伴侣关系即终止;如果单方要求解除登记伴侣关系的,可单独到登记机关去登记,由登记机关通知对方后该登记伴侣关系即终止。

第三节 事实婚姻与非婚同居的二元化规制[①]

一、事实婚姻与非婚同居的区分与混同

一是事实婚姻的界定。事实婚姻是相对法律婚姻而言,是男女双方**未依结婚之形式要件**成立婚姻,但以夫妻名义共同生活,周围群众也认为**是夫妻关系的两性结合**。此概念包括符合结婚实质条件但欠缺结婚登记**的两性结合**,也包括不符合结婚实质要件也没有办理结婚登记的两性结

[①] 何丽新:《论事实婚姻与非婚同居的二元化规制》,载《比较法研究》2009年第2期。何丽新:《构建我国非婚同居规制的法律机制》,《甘肃政法学院学报》2007年第1期。何丽新:《非婚同居的规制不会冲击结婚登记制度》,载《政法论丛》2011年4月。

第五章 现代同居事实身份关系法律保护已有的思考

合。婚姻的本质是男女双方设权的意思表示,主体有无配偶等并不影响合意的达成。但我国现有法律体系下的事实婚姻是针对符合结婚实质要件但欠缺形式要件的两性结合。最早对事实婚姻进行定义的1979年最高人民法院《关于贯彻执行民事政策法律若干问题的意见》规定:事实婚姻是指没有配偶的男女未进行结婚登记,以夫妻关系同居生活,群众也认为是夫妻关系的。因此,我国司法解释等规范性文件中对事实婚姻的界定以双方当事人没有配偶为要件,"未办理结婚登记"和"以夫妻名义同居生活"反映事实婚姻的本质特征。我国司法解释中的事实婚姻要求当事人对内对外以夫妻身份相待,当事人居住、工作的周边群众也认为当事人是夫妻的,构成事实婚姻。事实婚姻具有婚姻的内核,当事人主观追求婚姻,社会评价即周边亲朋好友也就此识别为婚姻。事实婚姻的当事人已达成结婚的一致意思表示,对外公示的是夫妻关系,周边群众也公认是夫妻关系,没有存在结婚实质上的障碍,只是欠缺法定的结婚形式要件。事实婚姻在我国的不同阶段存在不同的法律政策的立场。虽然我国1950年《婚姻法》、1980年《婚姻法》、2001年《婚姻法》修正案都将结婚登记作为婚姻缔结的唯一法定要件,从未明确规定事实婚姻问题,但在民事司法实践中,历次司法解释均将未办理结婚登记而以夫妻名义同居生活的两性结合以是否符合结婚实质要件为基础,根据其形成的时间为界限和是否补办结婚登记为具体标准,界定为:事实婚姻、非法同居和同居关系,硬性地分割为存在婚姻效力的事实婚姻状态和不存在婚姻效力的同居状态。

二是事实婚姻与非婚同居的混同。非婚同居与事实婚姻是非常相近的两性关系。若回避当事人主观意图和社会承认等含糊的判断标准,将没有婚姻关系的男女共同生活关系概括地、客观地都统称为非婚同居,则非婚同居范围是广泛的,理解为所有法律婚之外的同居,包括符合事实婚姻条件的同居和不获得事实婚姻关系评价的同居,这时的事实婚姻只是非婚同居的一种形式。事实婚姻具有客观性,是否产生婚姻的法律效力,取决于法律的态度,因此属于法律评判下的概念。如果法律承认,事实婚姻产生婚姻的效力;如果法律不承认,事实婚姻只能纳入一种非婚同居关系。因此,非婚同居是事实婚姻的上位概念,事实婚姻只是被赋予婚姻效

力的一种非婚同居。

三是事实婚姻与非婚同居的区分。事实婚姻是婚姻的形态,而非婚同居则是非婚姻男女共同生活体,严格而言,两者在基本性质、当事人合意的内容、公示的内容、法律适用产生的权利义务等方面是不同的。非婚同居当事人没有达成相互一致的结婚的意思表示,对外公示的内容只是同居关系,而非夫妻关系,没有婚姻的内核,不论该同居关系是否符合结婚实质要件,非婚同居当事人主观上并没有形成一致的结婚意愿,强调的是同居关系。从该意义探究,此时的非婚同居是狭义的,不可能与事实婚姻关系产生交叉性。同时,就社会公示而言,事实婚姻的客观形态上使周边群众识别是夫妻关系,而非婚同居当事人虽然主观上是否存在婚意不明确,但社会公众就此识别是同居关系还是夫妻关系,也不明确,有的认为他们是夫妻关系,有的则不认为是夫妻关系。

二、检讨事实婚姻与非婚同居的二元化规制现状

一是补办登记制度没有现实操作性。中国婚姻制度的历史性变革是以1950年《婚姻法》为契机,改变以婚礼为公示要件的传统结婚制度,建立结婚登记制度,1980年《婚姻法》、2001年《婚姻法》修正案均坚持该制度。但2001年《婚姻法》修正案的第8条在1980年《婚姻法》第7条的基础上增加:"未办理结婚登记的,应当补办登记。"补办结婚登记更多是对客观存在的事实婚姻倾向性的妥协,现实生活中不具有可操作性。

二是以时间分界点界定事实婚姻与非婚同居缺乏科学逻辑性。2001年《最高人民法院关于适用〈中华人民共和国婚姻法〉若干问题的解释(一)》第5条以1994年2月1日《婚姻登记管理条例》为分界点,作出事实婚姻和同居的区分:(1)1994年2月1日《婚姻登记管理条例》公布实施以前,男女双方符合结婚实质要件的,可认定其具有事实婚姻的效力,不必以补办结婚登记为条件;(2)对1994年2月1日《婚姻登记管理条例》公布实施后,男女双方符合结婚实质要件的,应当在告知其在案件受理前补办结婚登记之后,方可按离婚案件处理;对拒不补办结婚登记坚持"离婚"的,按解除同居关系处理。该司法解释以1994年2月1日《婚姻登记

管理条例》为时间分界点,对事实婚姻和非婚同居实行二元制的调整模式;即法院认定符合结婚实质要件的且具备时间条件的为事实婚姻关系,以婚姻效力论,从而适用婚姻法的有关规定;法院认定不符合结婚实质要件或不符合时间条件的为同居关系,从而适用其他有关的规定。这种以时间作为划分具有婚姻效力的事实婚姻与不具有婚姻效力的同居的标准缺乏科学性和逻辑性。

三是事实婚姻"婚姻化",非婚同居"模糊化"。由于对事实婚姻和非婚同居实行"二元制",导致依法确认事实婚姻的,承认其溯及力而推定产生婚姻效力,而非婚同居则不产生婚姻效力,两者在关系解除的处理、财产关系的处理、继承关系的处理、子女关系的处理等方面发生法律适用上的不同。

三、建立事实婚姻准正制度

事实婚姻的准正分为自动准正和法院裁决。符合结婚实质要件的双方当事人符合准正条件的,可依法准正为法律承认和保护的婚姻,产生婚姻的效力,当事人之间的人身关系和财产关系以婚姻关系加以调整。同时,事实婚姻的准正也可由一方申请法院确认事实婚姻的成立和生效,法院受理事实婚姻的确认之诉后依照准正条件而作出裁决。事实婚姻的准正应满足以下条件:

一是公示表达婚意。公示性要求当事人应有夫妻身份的公示,应采用符合社会习俗的公开仪式,使婚姻取得社会的承认。婚姻仪式具有重要的公示作用,使当事人的婚姻关系通过仪式产生判断标准,举办结婚仪式的当事人,将亲朋好友聚集在一起,向他们宣告结婚,实际上就等于向不特定人公示自己的婚姻状况。事实婚姻是根植于婚姻习俗中,我国举行结婚仪式的习俗源远流长,社会习俗存在一定的规范作用,民事法律应尊重其稳定性、继承性所立足的文化心态。

二是生育或收养子女。以夫妻名义共同生活且生育或收养子女的,应推定当事人同居具有永久目的,为保护当事人和子女的合法权益,应予以承认其事实婚姻性。但该要件不构成事实婚姻准正的必要条件,对有

婚意的当事人在共同生活期间没有生育或收养子女的,只要满足一定的存续期间,仍可获得事实婚姻的准正。

三是存续时间长。同居期间的长期性、稳定性是共同生活状态维系的标准之一,当事人同居达一定年限,表明双方的关系已较为稳定。同时,由于法律赋予婚姻比非婚同居当事人较多的权利义务,具有事实婚姻性的同居双方的依赖和约束应有相当的存续时间,这也是法律维护社会稳定性的基本要求。从我国的实际情况出发,存续时间以 5 年以上为宜。

四、构建我国非婚同居规制的法律机制

一是非婚同居的法律界定。法律规制非婚同居的前提,应遵循人类生存和发展的自身准则,对法律所规制的非婚同居进行合理界定,有以下标准:(1)无现存的两性结合状态。法律规制的非婚同居,要求任何一方当事人不得存在既存的婚姻关系,也不存在其他较为稳定的两性同居关系。同时,同性亦存在非婚同居情形,但同性结合违背我国目前普遍的社会价值观,不纳入法律规制的非婚同居范畴。(2)无婚意。非婚同居当事人自愿建立男女生活共同体,没有成为配偶的主观意愿,其实质就在于同居关系。且该同居关系有公示性,同居双方不向外界刻意隐瞒其同居状态,其周边亲朋群众亦接受该同居身份,而非夫妻身份。由此,非婚同居与事实婚姻不同,事实婚姻当事人具有建立夫妻关系的主观愿望,只是在形式要件上缺乏法律规定的登记方式,且该夫妻身份有公示性,周边亲朋好友均认定是夫妻关系。我国相关的司法解释就事实婚姻已有相应规定,对于符合事实婚姻构成要件的"非婚同居"不属于无婚意的非婚同居之列。非婚同居与事实婚姻均有公示性,可由周边亲朋邻居以证人证言形式予以证明,但非婚同居的公示在于同居关系,而事实婚姻的公示在于夫妻关系。(3)无同居障碍。非婚同居当事人应具有完全民事行为能力,能独立识别其同居的法律后果。未婚同居者一方或双方已具备完全民事行为能力但尚未达到法定婚龄的,亦属于法律调控的非婚同居范围。同时,由于非婚同居期间可能生育子女,从优生学和伦理学出发,当事人还必须不患有医学上严重传染性、遗传性的疾病,不属于一定范围的近亲

属,如直系血亲和三代以内旁系血亲。(4)同居生活达一定的期限。法律规制的非婚同居具有持续性,不同于其他性关系如通奸,是一种较为稳定的共居生活状态,有较固定的同居场所。我国法律应将非婚同居区别于法律婚、事实婚,以2年存续期间作为规制起点较为适宜。(5)自愿建立同居关系。非婚同居是建立在平等基础上的共同生活关系,必须是基于双方完全的真实的共同的意思表示,反对任何一方欺诈、胁迫等不真实合意的非婚同居。在同居期间双方无法相互协调和适应,无法合意继续存在该同居关系时,同居关系破裂,任何一方均可提出终止同居关系。

二是规制非婚同居的立法原点。(1)婚姻不是两性关系唯一的结合方式,两性关系呈现多元化。(2)婚姻家庭领域的意思自治空间扩展。主宰婚姻家庭等生活共同体的思想意识是相互尊重、倾慕和爱,过分强调强制性规范必然带来人与人情感的疏离,国家每确认一个权利,意味着国家对人的控制又加深了一层,与人的天赋人权相比,人的权利实际在减少,因此,只有将涉及社会公共利益的内容上升为强制性规范,对于该范围之外的内容,由当事人自行解决,才能更符合婚姻家庭领域的行为规范的要求,婚姻法呈现开放性发展态势。随着婚姻法律理论的深化,婚姻契约论在我国婚姻法上的一定程度的承认和推进,无效婚姻和离婚损害赔偿制度的建立就是例证,而契约的真谛在于意思自治,契约体现了主体的平等地位和自由意志,婚姻家庭领域的意思自治原则适用空间加大。(3)法律的基本意图是体现和规制现实生活,作为广泛普适性的法律有必要理性地对非婚同居定性定位,形成有效的法律规范。人们的两性价值观念发生改变,对个人生活方式更加宽容,选择非婚同居方式是人的个性和生活方式的自由选择。法律与事实不能相对立,法律对该事实的存在应提供足够的法律资源进行调整,引导人们正确认识非婚同居现象。(4)从世界立法趋势看,尽管各国政治、经济和社会制度不尽相同,但非婚同居从遏制到承认再到将婚姻和非婚同居的同等保护是各国法律的一致选择。(5)我国现有法律和司法解释并没有禁止无害于他人的非婚同居行为,非婚同居存在一定的法律基础。我国目前的法律和司法解释对于以夫妻名义的同居特别是构成事实婚姻的情况予以调整,有关的司法解释先后出现三种不同的规定,事实婚姻、非法同居、同居关系三个概念,且司法解释

主要是以解决善后问题为重心,不注重同居关系存续期间所发生的财产关系和人身关系。法律对非婚同居并没有作出禁止性的规定,且对同居的立法态度从"非法"转为"中立"。非婚同居作为客观事实,无损于法律,无损于社会公益,可以作为家庭的非主流形态,视为法律婚、事实婚以外的一种正常的男女生活方式,通过法律手段来规范和调整。法律并不激励非婚同居,但对于在非婚同居发生不公平时,法律予以规制,体现法律对于人选择共同生活方式的尊重。

三是法律规制非婚同居的基本原则。(1)价值中立原则。法律规制非婚同居,应保持中性立场,不等同引导和激励非婚同居,而是对非婚同居期间产生的纠纷进行合理的规范,以充分实现法律资源的有效配置。但在非婚同居和婚姻之间,法律价值还应当保护合法的婚姻,这个原则在可以预见的将来,都是不能动摇的,因为婚姻依然是社会的基本单元,依然是子女健康成长和人类自我延续的必不可少的组织。在这个前提下,法律也同样应当保护长期的稳定非婚同居关系,这也是尊重人权的体现。(2)同居协议优先适用原则。尊重当事人意愿,将当事人之间的同居协议作为解决处理财产关系和人身关系的基本根据,是法律规制非婚同居的一项基本原则。同居协议约定的范围既可在财产关系中,又可涉及一定的身份关系,如关于同居期间日常生活代理权的范围、同居生活费用的数额、一方在同居期间死亡而产生的财产归属等。非婚同居的本质是权利义务的交换关系,义务的履行是权利实现的手段,同居协议的目的不仅强调义务的履行和违约行为的惩罚,而且也在于权利的保障实现。对于未涉及他人利益、社会公益和违反公序良俗的同居协议,法律应予以充分尊重。承认同居契约,强调主体的平等性,排除强权和特权,不仅在人身关系上有利于男女的实质平等,而且在财产关系上有利于保护当事人的财产利益和保障交易安全。(3)公平保障同居者合法权益原则。婚姻法回归民法,是婚姻当事人身份平等性的体现,平等是公平的前提。民法作为权利法,以保障权利作为立法的基础。非婚同居关系的规制,更重视私法的作用,强调民法理念精神的适用,如公平原则、诚实信用原则、禁止权利滥用原则和保护弱者利益等。如当事人就非婚同居期间所产生的财产和人身关系不存在有效约定时,可依据公平的实质即是双方的利益平衡进行处理。非婚同居一方作出的决定导致另一方严重不利或侵占损害另一方利益时,通过公平原则矫正,保护弱者的合法权益,重新分配当事人之间的权利。对于在非婚同居期间对同居生活付出较大的劳务的,在同居关系终止时可享有经济补偿权,这也是公平原则的适用体现。(4)切实保护未成年子女权益原则。

四是构建非婚同居的规范内容。(1)非婚同居的人身关系。非婚同居产生各种法律效力,主要体现在同居者之间的人身关系和财产关系以及同居者与第三人的法律关系。非婚同居人身关系是双方当事人基于彼此的人格和身份而形成的相互关系,是人格关系和身份关系的合称。当事人选择非婚同居生活,很大程度上就是摆脱婚姻关系所带来的强烈的人身依附关系,因此非婚同居存在不等同于夫妻关系的人身关系。人身关系平等是处理人身关系的总原则,应走出两性关系共体本位,而注重个人本位。人身关系包括人格关系和身份关系。因同居关系的存在,人格关系的具体权利有的会扩张,有的会限制,但人格权是绝对权,具有支配性质,除权利人以外的任何人都负有不可侵害的义务。法律应保护同居者各自的姓名权,维护同居者的独立人格;同居者各自享有的姓名权,不因同居关系成立或终止而发生变化。在同居关系存续期间,同居者各自依法享有其人身和行为完全由自己支配,按照本人的意愿从事社会的生产、工作、学习和社会活动,一方对他方不得加以限制和干涉的权利。同时,同居生活对同居者有开放性,非婚同居者存在隐私权,同居者各自以外的任何人不得侵害其隐私权。但对于与同居生活存在密切关系的信息,同居者有知情权。知情权是动态的积极的权利,而隐私权是静态的消极的权利,两者都属于人格权。非婚同居者应正确处理好这两者关系。由于非婚同居间不存在因婚姻而产生的配偶人身关系,因此涉及配偶身份而形成的夫妻同居权利和义务、夫妻互负忠实义务、夫妻生育权等无法明确界定在其人身关系范畴。但同居者仍以共同住所为同居生活。(2)非婚同居的财产关系。法律规制非婚同居的财产关系,仅在当事人没有约定或约定无效的情况下适用。我国目前缺乏规制非婚同居财产关系的法律规定,有关事实婚姻的司法解释如1989年最高人民法院颁布的《关于人民法院审理未办理登记而以夫妻名义同居生活案件的若干意见》以一般共有理论解决双方在终止同居关系时的财产关系,但"一般共有"内涵不明确,无法纳入我国民法理论上共有的分类(按份共有和共同共有),司法实践中难以操作。学者认为,非婚同居财产关系依当事人的协议加以解决,没有协议的情况下推定存在合伙关系,采用合伙理论处理,并指出该理论解决非婚同居财产关系存在其合理性,如充分尊重非婚同居者的意思自治;有利于维护交易安全;既可以解决同居关系终止时的财产关系,又可以解决同居关系存续期间的财产关系,更加全面地调整同居双方之间的财产关系;既可以解决非婚同居期间的财产归属,又可以为解决非婚同居之间的扶养请求权和继承权寻找依据;追求正义公平,合理地维护当事人之间的合法权益;较为妥善地维护合伙人个人财产和合伙团体的财产。(3)非婚同居的子女关系。法律应以子女为本位,强调无论何种原因形成的父母子女关系一律平等,是否婚生与子女无关。同时,为保障非婚生子女的合法权益,应相应建立非婚生子女的准正和认领制度。准正是非婚生子女因生父母结婚或司法宣告而取得婚生子女资格的制度。非婚同居期间当事人通过结婚登记而取得法律婚形式的,该非婚生子女通过准正而取得婚生子女的法律资格,且准正应具有溯及力,从子女出生之日起发生准正的效力。非婚生子女的认领是通过法定程序使非婚生子女婚生化的法律行为。在非婚同居当事人存续同居关系而无缔结法律婚的意愿的情况下,应明确非婚生子女的归属,建立认领制度,使非婚生子女从出生之日起就与其生母和生父发生父母子女的身份上、财产上的权利义务关系。近年来,非婚生子女的法律地位提高,在父母抚养、姓氏、监护、继承权等方面彻底消除了与婚生子女的差别。但非婚同居关系不同于婚姻关系,具有较强的松散性和随意性,非婚生子女的权益容易受到侵害,法律应特别规定,同居双方不得遗弃未成年子女,应负担子女的生活费和教育费,直到子女能独立生活为止。特别是在解除同居关系时的子女抚养问题上,抚养权的归属、抚养费的数额和负担方式,应由当事人协商,协商不成时,由人民法院根据同居双方的经济收入和子女的实际需要进行确定。解除同居关系后,不直接抚养子女的一方有探视子女的权利和义务,另一方有协助的义务。探视权制度准用于非婚同居,有利于促进子女的心理健康和亲情感受的平衡发展,是子女成长和健康人格形成的重要保证。非婚同居期间所生育的子女既有权继承母亲的遗产,也有权继承其父亲的遗产,其继承权的根据在于与父母间的血缘关系,不以认领为条件,更不以父母非婚同居关系而受到侵害或剥夺。

第四节 民法分则婚姻家庭编非婚同居关系立法研究[①]

一、婚姻家庭编应否调整异性非婚同居关系的观点

该学者认为非婚同居包括以夫妻名义共同生活,符合结婚实质要件的"事实婚姻"关系和不以夫妻名义共同生活的各类同居关系。从1950年婚姻法以来,我国婚姻法的调整对象就明确界定为婚姻关系与家庭关系,从未将非婚同居关系作为形式意义上的婚姻法的调整对象。对非婚同居关系的处理主要通过最高人民法院所制定的司法解释予以规制。我国现行法律规范对同居关系既不禁止也不制裁,因此而产生的纠纷除财产分割和子女抚养问题外主要由伦理道德、风俗习惯、社会舆论调整。关于婚姻家庭编是否应当将非婚同居纳入法律调整的范围,有二种观点:(1)法律应当回应社会现实对法律的需求。改革开放以来,特别是近十年来,非婚同居者数量增加,涉及面广,而且有不断扩大的态势,不仅年轻人的婚前同居行为被社会所认可,中老年人的不婚同居也逐渐成为一种可供选择的生活模式。积极回应社会现实,满足婚姻家庭生活日益多样化、复杂化的客观需求,扩大对当事人婚姻家庭权利保护的范围,增强对婚姻家庭的保护力度,这些都是婚姻家庭法律规范现代化的标志。因此,我国的立法不应回避上述的现实问题,而是应当承认非婚同居并给予法律保护。(2)应当坚持法律的严肃性,公民应当对法律有信仰并自觉遵守法

---

① 夏吟兰:《民法分则婚姻家庭编立法研究》,载《中国法学》2017年第3期。

律。如果不遵守法律就应当自行承担法律后果。既然法律明确规定了结婚的实质要件与形式要件,且已实施了60多年,婚姻家庭编就不应当再承认事实婚姻,不应将非婚同居关系纳入法律的调整范围予以保护。同时指出,大多数学者还是认为非婚同居是一种新型的家庭形态,多元性、开放性、宽容性的家庭法应尊重人们选择生活方式的自由,将非婚同居关系纳入婚姻家庭法调整的范围。将非婚同居关系纳入法律规制范围,并非对同居关系的鼓励,而是意图通过法律的指引,保护同居期间双方的子女以及无过错一方的合法权益。

二、婚姻家庭编调整同性伴侣关系的观点

同性伴侣关系的合法化是近20年来国内外婚姻家庭法学界普遍关注的课题。自上世纪80年代以来,相继有一些国家或地区承认同性婚姻的合法地位。

各国对同性伴侣的法律保护主要有三种模式:婚姻保护模式、注册伴侣关系保护模式和同居保护模式。目前,我国的同性伴侣对同性婚姻也有合法化的要求。对于在我国是否需要对同性伴侣予以法律规制,主要有三种观点:(1)应当给予同性伴侣以合法婚姻的地位。理由是同性恋者缔结婚姻的权利是基本人权,应得到法律的保障。法律并不仅仅是为了维护多数人的权利,它要保障的是每个公民的权利,对同性恋者予以宽容是一种基本人权的要求。(2)无论从立法导向还是传统的文化习俗以及大众的认知都决定在现阶段我国立法对同性婚姻合法化应持反对态度。有学者明确指出,我国同性恋合法化的社会环境与欧洲差异甚远,考虑到中国传统文化、人口基数等国情,我国目前尚无必要立即进入为同性恋者立法或修法阶段。(3)应当适用单行法的模式,在婚姻之外,创设另一种共同生活模式,规定非婚同居,包括同性同居当事人在非婚同居存续期间及终止后的权利、义务和责任,这样在适用范围、调整力度和对婚姻法律制度的冲击程度较小,易于被社会接受。

三、我国规制非婚同居关系与同性伴侣关系观点

我国学者对规制非婚同居关系与同性伴侣关系有以下观点：(1)考虑到立法的现实性与可行性,立足于我国社会现实和法律状况,认为婚姻家庭编立法时可以对非婚同居关系做原则性规定,采取契约保护模式,为将来制定相关的单行法律法规保留空间。(2)在现阶段彻底否定传统婚姻制度,赋予同性婚姻与异性婚姻同等的法律地位,不符合中国的具体国情,比较地看,采取民事伴侣制度的做法具备较强的现实性和可行性。从人类学、生物学和宗教的角度出发,异性婚姻一直是人类社会的结构性元素。虽然现今社会公众对同性伴侣的认识有所改变,接受度有所提高,但是在主流社会并未得到真正的认可,立法者需要在伦理、正义和秩序之间进行审慎权衡。(3)对于同居关系的概念,在婚姻家庭编的原则性规定中可以适当放宽,同居不是婚姻,当事人不必具备结婚的合意与形式要件。但是,同居关系的当事人必须具备持续稳定共同生活的主观合意与客观事实。对于以夫妻名义共同生活且符合结婚实质要件的同居关系,应当推动其向婚姻关系转化,将《〈婚姻法〉司法解释(一)》的规定法律化,以补办结婚登记为救济途径,补办结婚登记的,婚姻关系的效力从双方以夫妻名义共同生活且符合结婚的实质要件时起算。对于不以结婚为目的,或不符合结婚实质要件的同居关系,不承认其身份关系,即双方之间不具备配偶身份,不享有配偶权,彼此之间不具有经济上的扶养义务。同居关系当事人应当通过契约确定他们之间的财产关系,安排相互间的扶养、财产制度以及赠与、遗赠等相关事宜。同居关系解除时,财产关系有约定的依照约定,没有约定的适用按份共有的规定,并根据具体情形,对无过错一方予以适当补偿。双方所生子女为亲生子女,无论同居关系是否解除,双方均须承担抚养教育未成年子女的义务。

第五节 已有思考的评析

对同居事实身份关系的法律保护是伴随我国登记婚的产生而产生,尤其是社会变革,生活方式多样化的国际法律环境,我国改革开放的国情,人们生活水平的显著提高,个体权利意识、独立人格意识的增强等,最直接的表现即私领域生活方式的变化更加地意思自治——同居,包括婚前同居,婚外同居,同性同居与异性同居,国内外同居与域内外同居,不同年龄人的同居,有婚意与无婚意的同居等。但同时也不可忽视社会习俗、各地经济文化差异、社会主流价值观对婚姻家庭制度的作用与影响。鉴于此,我国法律、司法解释、相关机构的指示精神,出现了对待事实婚姻或称同居关系的现状的差异性,这一事实或法律问题至今尚未解决。为此,诸多学者针对这一问题建言献策。

一、已有思考的价值

一是重公益轻私益不符合民事法律权利本位的法理价值。一般而言,除婚姻以外的同居,是自然人个体私领域的社会生活方式的选择,或许是长期选择,或许是过渡性选择,对那些长期的、相对稳定的、社会认可的、无害于他人的,或不同途径形成亲子关系的同居或事实婚姻,民事法律不能视而不见、听而不闻,如何在公益与私益之间寻求协调或平衡,这些成果的价值值得立法者重视与肯定。这也可以避免或解决事实婚姻或同居关系在我国现行立法与司法解释中的无奈,以至于趋于协调,可以使这一领域的弱者的利益得以保护,民间善良的习俗得以沿袭,公平正义的法理价值得以实施。

二是事实婚姻的重构或弱度保护与转正的内容设计具有立法参考价值。由于社会生活中事实婚姻存在的现状,立法、司法解释的无奈与有悖科学性,学者在肯定登记婚价值的前提下,从保护人权,追求形式上的平等,到更应注重现实生活中实质上的平等、结果上的平等的立法指导思想着手,指出保护事实婚姻应遵循当事人的意思自治原则、弱于登记婚姻效力的适度保护原则、处理同居期间问题与处理善后问题并重原则。虽说具体观点仍有差异,如,有学者认为"事实婚姻的成立要件之一,须有男女双方同居生活的事实,并持续两年",①有的学者没有提及;对事实婚姻准正有学者认为"经过法定期间",②究竟是多少年没有明确,而有学者认为"从我国实际情况出发,存续时间以5年为宜"。③但事实婚姻弱度保护尤其是对仪式婚进行弱度保护内容,如在不破坏婚姻制度的前提下,对于维护婚姻生活不可或缺的人身权利及财产权利,仪式婚应与登记婚相同,但对于与夫妻身份有密切联系且不影响婚姻生活的人身或财产权利,则可以对仪式婚予以限制,具体而言,一夫一妻、男女平等、婚姻自由等婚姻法的基本原则对仪式婚同样适用。夫妻财产制、同居义务、忠实义务、协助义务、监护权与家事代理权,也应当与登记婚无异。仪式婚当事人毕竟欠缺合法之形式,对其配偶身份权、财产继承权、婚姻解除权则可以进行一定程度的限制。④再如在尊重当事人意思自治的基础上,当事人双方同居期间所得财产按照双方同居期间对家庭的直接和间接贡献进行公平分配。事实婚姻关系解除时,一方因抚养和照顾双方在事实婚姻期间所生的子女,不能就业或影响经济收入而难以维持其生活的;或在事实婚姻期间因从事家务劳动、抚养子女而导致未就业或半就业,事实婚姻解除后不能独立维持生活的,可以请求他方扶养。人民法院在确定扶养费的数额时,应当考虑事实婚姻双方当事人的年龄、健康状况、劳动能力和专业技能、经济状况、住房状况以及双方生活的实际需要;事实婚姻持续时间

---

① 陈苇、高伟:《我国事实婚姻制度之重构——澳大利亚的〈事实伴侣关系法〉的启示》,载《法学杂志》2008年第2期。
② 于海涌:《仪式婚的法律保护》,载《法学》2007年第8期。
③ 何丽新:《论事实婚姻与非婚同居的二元化规制》,载《比较法研究》2009年第2期。
④ 于海涌:《仪式婚的法律保护》,载《法学》2007年第8期。

的长短;当事人承担的供养其他人的责任;当地的一般生活水平等论述①,具有立法参考价值。

三是婚姻之外非婚同居关系法律规制具有立法参考价值。婚姻之外异性和同性二人非婚同居关系是人们选择私人生活领域的方式,这种方式只要不违背公共秩序、国家强制性或禁止性法律规定,应予以法律规制,是公权力机关对公民应有的职责,是在借鉴域外国家立法的基础上当代各国身份法的立法趋势。非婚同居关系法律规制具体内容的设计虽有不同,如有学者认为"同居关系主体的性别,双方可以为异性或同性",②有学者认为"同性亦存在非婚同居情形,但同性结合违背我国目前普遍的社会价值观,不纳入法律规制的非婚同居范畴"。③ 非婚同居当事人财产关系方面,有主张"与婚姻关系中的财产制相对应",④有主张"非婚同居财产关系依当事人的协议加以解决,没有协议的情况下推定存在合伙关系,采用合伙理论处理"。⑤ 非婚同居关系法律规制的有关原则方面,如:价值中立原则,即与婚姻制度相比较,法律规制非婚同居,应保持中性立场,不等同引导和激励非婚同居,而是对非婚同居期间产生的纠纷进行合理的规范,以充分实现法律资源的有效配置;同居协议优先适用原则,即尊重当事人意愿,将当事人之间的同居协议作为解决处理财产关系和人身关系的基本根据,同居协议约定的范围既可在财产关系中,又可涉及一定的身份关系,前提是这种协议未涉及他人利益、社会公益和违反公序良俗,法律应予以充分尊重;公平保障同居者合法权益原则,即当事人就非婚同居期间所产生的财产和人身

---

① 陈苇、高伟:《我国事实婚姻制度之重构——澳大利亚的〈事实伴侣关系法〉的启示》,载《法学杂志》2008年第2期。

② 陈苇、王薇:《我国设立非婚同居法的社会基础及制度构想》,载《甘肃社会科学》2008年第1期。

③ 何丽新:《构建我国非婚同居规制的法律机制》,载《甘肃政法学院学报》2007年第1期。

④ 陈苇、王薇:《我国设立非婚同居法的社会基础及制度构想》,载《甘肃社会科学》2008年第1期。

⑤ 何丽新:《构建我国非婚同居规制的法律机制》,载《甘肃政法学院学报》2007年第1期。

第五章 现代同居事实身份关系法律保护已有的思考

关系不存在有效约定,或非婚同居一方作出的决定导致另一方严重不利或侵占损害另一方利益,可依据公平的实质即是双方的利益平衡进行处理,保护弱者的合法权益,重新分配当事人之间的权利;切实保护未成年子女权益原则①等具有立法参考价值。非婚同居关系法律规制具体内容的设计,如"非婚同居双方在人身方面不像婚姻配偶一样互负法定的忠实义务和同居义务,但违反这两项义务可能直接导致当事人之间的关系不符合事实伴侣关系的认定标准或登记伴侣关系的实质要件,从而不受法律的保护"。②"人身关系平等是处理人身关系的总原则,应走出两性关系共体本位,而注重个人本位。""同居关系存续期间,同居者各自依法享有的其人身和行为完全由自己支配,按照本人的意愿从事社会的生产、工作、学习和社会活动,一方对他方不得加以限制和干涉。""在日常生活中,必然处理与共同生活有关的事项,基于共同生活需要和交易安全考虑,适用表见代理规则,一定程度上赋予非婚同居者日常家事代理权,在日常家事范围内,同居者互为代理人,任何一方因日常家事与第三人为一定的法律行为时,应为双方的意思表示,他方承担连带责任。"③非婚同居关系的财产制,应体现法律对弱者权益的保护和对公平价值的追求,表现为:同居期间为共同生活之需要购置和积累的财产归双方共同所有,但房屋等价值特别大的除外;法院可以在解除非婚同居关系时,根据当事人具体情况和财产实际状况,对共有财产作适当分割(理由是考虑到实行分别财产制可能会导致双方当事人事实上的不平等,一方为同居共同体提供家务劳动贡献的价值无法在财产分割中体现出来。在我国没有英美法系国家之平衡法的救济措施的情况下,建议规定法官应当综合考虑同居关系持续时间、财产安排、子女抚养等因素,在分割共有财产时适当照顾对同居关系作出非直

---

① 何丽新:《构建我国非婚同居规制的法律机制》,载《甘肃政法学院学报》2007年第1期。
② 陈苇、王薇:《我国设立非婚同居法的社会基础及制度构想》,载《甘肃社会科学》2008年第1期。
③ 何丽新:《构建我国非婚同居规制的法律机制》,载《甘肃政法学院学报》2007年第1期。

接经济贡献的一方、抚养子女的一方、有特殊困难的一方或无过错的一方);经济帮助请求权(原则上,非婚同居伴侣之间无类似于婚姻配偶间的扶养之权利义务关系,但从公平和人道主义的角度出发,在解除非婚同居关系时,赋予确有困难的一方当事人经济帮助请求权);非婚同居伴侣遗产继承的权利(非婚同居伴侣可以根据我国《继承法》第14条、第16条的规定,作为法定继承人以外的人请求分得适当的遗产,或根据死亡伴侣的合法有效的遗嘱,作为受遗赠人接受遗赠。在现行立法的基础上明确规定,在非婚同居伴侣一方死亡时,生存一方可以行使以下权利:析产请求权;遗产酌给请求权;受遗赠权;住房和家具用品优先购买权)。非婚同居伴侣应就共同债务向第三人承担连带责任,可享有对共同居住房屋的优先承租权;非婚同居伴侣可以享有家庭成员的某些权益,如,为对方作医疗护理决定、到医院探病、到监狱探监、休假、调动、购物和旅行优惠等;非婚同居伴侣有向法院和有关机关寻求救助的权利。亲子关系方面:以儿童最大利益为指导原则,彻底摒弃子女的"婚生"与"非婚生"之区分,增设亲子关系推定和否认制度。① "对同性同居采取民事伴侣制度的做法具备较强的现实性和可行性","立法者需要在伦理、正义和秩序之间进行审慎权衡"。"婚姻家庭编立法时可以对非婚同居关系做原则性规定,采取契约保护模式,为将来制定相关的单行法律法规保留空间。""对于同居关系的概念,在婚姻家庭编的原则性规定中可以适当放宽,同居不是婚姻,当事人不必具备结婚的合意与形式要件。但是,同居关系的当事人必须具备持续稳定共同生活的主观合意与客观事实。对于以夫妻名义共同生活且符合结婚实质要件的同居关系,应当推动其向婚姻关系转化"②等论述具有立法参考价值。

二、已有思考仍需探讨之处

一是事实婚姻的内涵与外延问题。我国最早对事实婚姻进行定义的

---

① 陈苇、王薇:《我国设立非婚同居法的社会基础及制度构想》,载《甘肃社会科学》2008年第1期。
② 夏吟兰:《民法分则婚姻家庭编立法研究》,载《中国法学》2017年第3期。

第五章　现代同居事实身份关系法律保护已有的思考

1979年最高人民法院《关于贯彻执行民事政策法律若干问题的意见》规定:事实婚姻是指没有配偶的男女未进行结婚登记,以夫妻关系同居生活,群众也认为是夫妻关系的。我国1950年至今的《婚姻法》(含2001年《婚姻法》修正案)均将结婚登记作为婚姻缔结的唯一法定要件,且从未明确规定事实婚姻,但在民事司法解释[①]以1994年2月1日以前符合条件没有登记的认定为事实婚姻,此后符合条件没有登记的认定为同居关系,可以说我国现在没有"事实婚姻"这一概念;同时依此解释,1994年2月至今已逾25年,这类事实婚姻甚少。但是否意味着只有同居关系而没有事实婚姻呢?从我国客观事实现状、诸多学者的著书立说、域内外法的实践及前述基本的法学基本理论可看出,同居关系不能取代事实婚姻关系而存在。"事实婚姻"这一法律概念由同居(含未婚同居与婚外同居)取代,其结果:未婚同居当事人,可以随意解除同居身份关系,对婚外同居者追究民事责任,仅指诉讼离婚时无过错方配偶有权向过错方配偶请求损害赔偿,如果不离婚能否请求损害赔偿,或向第三人请求损害赔偿,法律没有规定。对婚外同居者追究刑事责任是以事实重婚的成立为前提,没有事实婚姻,哪来事实重婚,对形成事实重婚如何施以民事或刑事制裁,无据可依。[②]因此,我们从法律制度或指示、精神是一个系统工程,公法与私法、民法与刑法既有区别又互为联系这一视角看,我国对事实婚姻或同居关系的法律规制的探讨,一般局限于民事关系或民事法律关系范畴,很少将其与刑法的相关罪联系起来考虑。如果依此司法解释并将其与刑法的相关罪联系起来考虑,我们可以发现,目前我国由同居关系代替原来的事实婚姻,从而使事实重婚罪的认定失去了前提。但我国现行刑事法

---

①　2001年12月24日《最高人民法院关于适用〈中华人民共和国婚姻法〉若干问题的解释(一)》第5条规定:未按婚姻法第8条规定办理结婚登记而以夫妻名义同居生活的男女,起诉到人民法院要求离婚的,区分两种情况:一是1994年2月1日民政部《婚姻登记管理条例》颁布实施以前,男女双方已经符合结婚实质要件的,按事实婚姻处理。二是1994年2月1日民政部《婚姻登记管理条例》颁布实施以后,男女双方符合结婚实质要件的,人民法院应当告知其在案件受理前补办结婚登记;未补办结婚登记的,按解除同居关系处理。

②　何群:《中国区际同居关系法律问题研究》,载《河北法学》2011年第9期。

律、法规仍有重婚罪及如何处罚的规定，《刑法》第 285 条规定：构成重婚罪的处 2 年以下有期徒刑或者拘役。但对重婚行为的定罪没有"情节"、"后果"方面的要求，即意味着重婚行为不一定定罪处罚。1994 年 12 月 14 日最高人民法院《关于婚姻登记管理条例施行后发生的以夫妻名义非法同居的重婚案件是否以重婚罪定罪处罚的批复》指出："新的《婚姻登记管理条例》发布施行后，有配偶的人与他人以夫妻名义同居生活的，或者明知他人有配偶而与之以夫妻名义同居生活的，仍应按重婚罪定罪处罚。"据此，事实婚姻仍可作为重婚罪的构成条件。但上述批复中所谓"有配偶的人"，有人认为应当理解为已经依法登记结婚的人。依据是最高人民法院刑事审判第一庭 1999 年第 2 辑《刑事审判参考》：对于先有事实婚姻，又与他人登记结婚和两次及两次以上均是事实婚姻的，则依法不构成重婚罪。那么，据此理解重婚罪的构成只有两种情况：一是两个登记婚姻；二是先有登记婚姻，后有事实婚姻。这种对同一法律事实或法律问题民事与刑事司法解释的相互矛盾，以及刑事司法解释之间的歧异，表明立法与司法、理论与实践在这一领域的困境。因此，事实婚姻的内涵与外延仍然是需要再探讨的问题。从上述分析可知，事实婚姻外延包含法律弱度保护与准正的事实婚姻和违法应惩罚的事实婚姻即事实重婚；从事实婚姻的内涵或其认定标准而言，首先，在计划经济社会背景下强调的"以夫妻名义，且共同生活"为标准，已不适应市场经济社会背景下的客观实际。原因是社会变革，文化意识形态的多元化，所带来的生活方式的多元化，依上述标准认可的事实婚姻，存在经济成本或政治成本的制衡（对政府官员而言），现实生活中，对于婚姻以外的两性关系，无论长短、相对稳定与否，站在一个理性人的视角，甚少"以夫妻名义，且共同生活"，而是变相地以保姆或秘书、雇员等名义，与其共同生活。因而，必须修改事实婚姻认定的条件：（1）不一定要求以夫妻名义共同生活，而是有共同生活的事实即可；（2）同居不能取代事实婚姻，同居达到一定期限或满足一定条件，则构成事实婚姻。具体内容为：对符合结婚实质要件的当事人共同生活两年、或共同生活一年并生有子女，均以事实婚姻关系来对待与处理。但事实婚姻是可撤销的婚姻（原因是事实婚姻关系欠缺法律规定的形式要件），在婚姻被撤销前受法律保护。其次，关于重婚，有法律与事实重婚之别。客观上法律上的重婚极少,原因是互联网的发展,民政部门婚姻登记信息不仅国内联网,且国内外联网,即 2018 年 5 月,民政部和外交部正式通过网络专线的形式实现了民政部门办理的婚姻信息和我国驻外使领馆办理的婚姻登记信息的有效整合和共享。通过专线,外交部定期将驻外使领馆办理的婚姻登记信息及时推送至民政部全国婚姻登记信息数据库,进一步完善民政部全国婚姻登记信息数据库。民政部门在办理婚姻登记时,可以直接通过婚姻登记管理信息系统查询到当事人在驻外使领馆办理的婚姻登记信息。同样,驻外使领馆在办理婚姻登记时也可以到民政部全国婚姻登记信息数据库中查询到当事人在国内办理的婚姻登记信息。① 如果没有事实婚姻的认定,则无事实重婚之认定,因而,必须修改事实婚姻构成重婚的情形:(1)两个事实婚姻应当构成事实重婚;(2)只要被认定为事实婚姻的,事实婚姻无论在登记婚姻之前或之后,均构成重婚。②

二是非婚同居法律规制的具体内容设计问题。这里有三点值得探讨。(1)"同居的主体须为两个无禁婚亲或禁婚疾病的成年人"③的成立条件问题。这实际上是婚姻实质要件中必须排除的条件。就婚姻成立的条件而言,这一规定理论与实践有颇多质疑,理由是:我国禁婚条件的发展变化也受到现代婚姻观念转变的影响,并伴随着婚姻生育功能的弱化,对某些禁婚疾病得到了解禁,把婚姻权利和生育权分别看待,即婚姻和生育并无必然关系,特别是避孕方式的出现,更使得性行为亦不必然导致生育的结果。因此,出于优生优育需要,法律禁止某些疾病患者结婚并不妥当。现代社会,婚姻家庭更多的是情感的寄托和承载,满足人们的对于日常生活以及精神方面的需要,如丁克家庭和老年人再婚现象的出现,也为婚姻的缔结不是单纯为了生育作出了有利的佐证,而使基于优生学原理的法条失去了立法基础。从传统的将婚姻和生育视为一体而言,某些疾

---

① 《国内和我国驻外使领馆办理的婚姻登记信息实现有效整合和共享》,民政部门户网站,下载日期:2018 年 5 月 16 日。
② 何群:《中国区际同居关系法律问题研究》,载《河北法学》2011 年第 9 期。
③ 陈苇、王薇:《我国设立非婚同居法的社会基础及制度构想》,载《甘肃社会科学》2008 年第 1 期。

病确实不宜繁衍后代,但历史已证明,生育和婚姻并非一体,婚姻、性行为与生育行为三位一体的传统模式已经逐渐被打破。因此不能因为疾病问题导致不适宜生育后代而否定和剥夺当事人的结婚权利。事实上,借助现代生物科技,尤其是人工生育技术和基因技术,很多疾病患者甚至能够通过人工授精、试管婴儿的方式实现生育健康子女的目的。① 北京大学法学院教授、中国法学会婚姻家庭法学研究会副会长马忆南指出,当事人患有哪些疾病属于医学上认为不应当结婚的疾病,这个问题在法律上一直不明确。医学越发达,发现的病态基因就越多,治疗这些疾病的技术也在不断地更新进步。在立法上列举医学上认为不应当结婚的疾病几乎是不可能的。一方或者双方患有疾病,是否选择结婚,它涉及的只是私人利益,国家要做的应当是不断完善和健全救济措施,加大宣传力度,要让当事人提高自我保护意识,而不是禁止患有这些疾病的人结婚。现行婚姻法规定,患有医学上认为不应当结婚的疾病者禁止结婚,这些疾病包括指定传染病、严重遗传性疾病、有关精神病等。这一规定在实践中很难操作,而且在对方知情的情况下,是否患有疾病并不必然会影响当事人的结婚意愿,因此,《民法典婚姻家庭编草案》对此作出修改。全国人大常委会法制工作委员会主任沈春耀介绍,为尊重当事人的婚姻自主权,草案规定,一方患有严重疾病的应当在结婚登记前如实告知对方,不如实告知的,对方可以请求撤销该婚姻。② 可见,婚姻成立的要件不对禁婚疾病作禁止性规定是立法趋势,何况相对婚姻而言松散、不稳定的非婚同居生活方式就更没有理由对此做规定。(2)非婚同居法律规制的主体仅为"两个同性自然人"还是也包括"两个异性自然人"的问题。综观前述各国或各法域非婚同居关系法律保护的立法例,因为两性关系最完美的形态是法律确立了异性一夫一妻婚姻制度,继而是有条件的事实婚姻补缺,而对于同性结合的生活形态,随着科学研究结论,早期认为同性恋是一种疾病,应当进行矫正和治疗,当代认为同性恋是人类感情的一种表达方式,实现

---

① 邓丽勤:《禁婚条件法律问题研究》,广州大学 2018 年硕士论文。
② 侯艳、孙莹、潘毅:《民法典各分编草案亮点解读之三:婚姻家庭编、继承编》,载《新闻纵横》2018 年 8 月 30 日。

第五章 现代同居事实身份关系法律保护已有的思考

了中国同性恋非病理化。因此,各国非婚同居法律规制的主体最开始是符合一定条件的同性主体,只不过称谓各异,后来由于符合一定条件的两个异性主体不愿意形成法律认可的婚姻结合体,基于平等、人权的价值观,有的国家如前述英国、法国也将其纳入主体加以规制,且有此趋势。鉴于我国的实际情况,面对此情形,当事人在不同国家或不同法域缔结的同性婚姻或同性同居事实身份关系的现实,对其相关民事身份法律效力的认可、权利义务的保护等问题,随该当事人来到中国大陆,则是中国大陆国际私法或区际私法面临的现实问题。又鉴于目前乃至相当长的时间内我国赋予同性结合与异性婚姻同等的法律身份还有诸多限制,如习俗、人们的认可程度等,因而,对同性同居赋予婚姻法律身份是一个渐进的过程,也表明非婚同居法律规制的首要主体是两个同性主体的结合,而不是将其排除在外。

三是非婚同居法律规制的模式探讨。上述学者的思考有以下观点:(1)认为非婚同居只包括异性同居需要法律规制,且认为目前规制非婚同居的立法例有三种:在亲属法或婚姻家庭法中另列条款作出规定;颁布单行法,以专项立法规制;通过司法判例承认当事人之间形成的书面或默示的非婚同居协议。分析我国法律传统和现状,《婚姻法》和相关的司法解释已就法律婚、事实婚进行规定,且我国非判例国家,依据判例无法彻底解决非婚同居所产生的人身关系和财产关系,因此以单行立法形式规制非婚同居最为适宜。① (2)认为非婚同居包括异性与同性同居需要法律规制。建议我国非婚同居立法采取区别于婚姻的同居不登记制为主,兼采区别于婚姻的同居登记制为补充。采取区别于婚姻的同居不登记制为主,主要理由是对我国传统事实婚姻制度的继承和改造,可以填补我国现行非婚同居法律的漏洞。就前一理由而言,如果我国立法采用区别于婚姻的同居不登记制,把"事实婚姻"转变为"事实伴侣",符合一定条件的非婚同居伴侣将被作为"事实伴侣"赋予一些权利义务,法律

---

① 何丽新:《构建我国非婚同居规制的法律机制》,载《甘肃政法学院学报》2007年第1期。

给予其弱于婚姻的保护。①（3）认为婚姻家庭编立法时可以对异性非婚同居关系做原则性规定，采取契约保护模式，为将来制定相关的单行法律法规保留空间；对同性伴侣关系立法者需要在伦理、正义和秩序之间进行审慎权衡，现阶段采取民事伴侣制度的做法具备较强的现实性和可行性。②上述观点中，非婚同居法律规制只限于异性同居者，且采用单行法规的立法形式，这一做法在现行各国的立法例中甚少见。如果仅就非婚异性同居进行法律规制，可以在民法典婚姻家庭篇设一章，或者在构成事实婚姻时对其进行低于婚姻的保护，可使立法资源发挥最有效的价值。况且对有别于婚姻的非婚同居关系进行规制从前述世界各国立法例看，首先且主要是保护非婚同性同居关系，而不是异性非婚同居关系，理由前已述及。第二种观点即我国非婚同居立法采取区别于婚姻的同居不登记制为主，兼采区别于婚姻的同居登记制为补充。该观点对同一事实或问题采用不同的立法模式，有使立法问题复杂化之嫌，况且认为我国立法采用区别于婚姻的同居不登记制，把"事实婚姻"转变为"事实伴侣"法律给予其弱于婚姻的保护，只不过将事实婚姻的称谓改变了一下，内容与实质没有变，不具有立法意义。同时前述二种观点的学者，在其不同的论文中均谈到如何保护事实婚姻问题。第三种观点在婚姻家庭编立法时保护非婚同居关系具有过渡性意义，尤其是对同性伴侣关系立法在我国具有开创性价值，此观点本人在以往的论文中也多次提及。就目前而言，如果依此立法，实践中因其操作性不强，主要依靠法官自由裁量权处理此类问题。

四是非婚同居法律规制的范围问题。世界范围内身份领域法律规制的变化、人类命运共同体的宏伟蓝图构想，内容上，从探讨该命题的某一个方面问题到多方面问题的展开；种类上，从异性同居到同性同居延伸。突出特点是研究国内同居事实身份关系的较多，甚少见从广义的国际法视角研究涉外事实身份关系法律问题。由于点、面研究的限制，出现理论

---

① 陈苇、王薇：《我国设立非婚同居法的社会基础及制度构想》，载《甘肃社会科学》2008年第1期。
② 夏吟兰：《民法分则婚姻家庭编立法研究》，载《中国法学》2017年第3期。

第五章 现代同居事实身份关系法律保护已有的思考

上的对立,视角相对狭义,应用性有限,亟需进行更系统全面深入的研究。建立在各国相互交往,互为依存,求同存异,和谐互惠的情形下,以全球事实与法律环境为背景,立足于我国的现状,对身份法领域倾注更多的、切合实际的人文关怀和法律人性理念,以"一带一路"视域下涉外婚姻家庭领域的特殊问题,即涉及外国国家与外法域的同居事实身份关系、同性婚姻,及中国特有的边民与毗邻国边民同居事实身份关系的法律适用、效力及法律后果等问题,从国内婚姻家庭法、区际私法、国际私法等视角系统、全面、深入研究同居事实身份关系法律问题,也应是非婚同居事实身份关系法律规制范围的重要内容。

第六章　国内同居事实身份关系法律保护设想

通过梳理各国对同居事实身份关系法律保护的现状,我国学者对现代同居事实身份关系法律保护已有的思考,我国正值民法分则婚姻家庭篇立法之际,在对学者思考、立法保护的基础上,对国内同居事实身份关系法律保护的设想可分两步进行。

第一节　国内同居事实身份关系法律保护第一步

国内同居事实身份关系法律保护第一步分两种情况:一是异性同居事实身份关系有条件地转化为事实婚姻或合法婚姻。这里的条件即符合结婚的实质要件,生育子女或经过法定期间等。如何转化?可借鉴前述德国法。德国民法对婚姻的成立始终采取严格的形式婚主义。但对欠缺婚姻形式要件的异性同居事实身份关系,并没有持绝对的否认态度,而是认可为事实婚姻。同时规定,欠缺结婚形式要件的婚姻是可以撤销的婚姻。事实婚姻只可以由基于申请所做之法院判决予以撤销,婚姻随判决发生法律效力而解除。如果事实婚姻双方以夫妻身份共同生活五年,倘若其中一人死亡,则在此情形下至少共同生活三年,且在上述同居期间无一方申请撤销婚姻的,婚姻可排除撤销。可见,德国法对待欠缺婚姻形式要件的异性同居事实身份关系:依次认可为事实婚姻,但事实婚姻是可以撤销的,在事实婚姻被撤销前是受法律保护的;如果达到了法定同居年限事实婚姻则转化为合法婚姻。因此,对符合结婚的实质要件的国内同居事实身份关系(不管举行婚姻仪式与否),未生育子女经过法定期间(3年或5年)或生育子女经过法定期间(同居2年),首先,认可为事实婚姻,但事实婚姻是可撤销的婚姻,在婚姻被撤销前是受法律保护;其次,经过上述法定期间,事实婚姻未被撤销,可认定为合法婚姻。这与前述应兼顾公益与私益理论相符合。二是同性同居事实身份关系法律保护问题。2019年8月21日,全国人大常委会法制工作委员会在京举办首场发言人记者会。这是法工委自成立以来首次建立新闻发言人制度。发布会上,首位发言人、法工委研究室主任臧铁伟对有记者提出的有关同性恋结婚合法化问题作出回应。臧铁伟说,我国现行婚姻法规定的一夫一妻制,是建立在一男一女结为夫妻基础上的婚姻制度,这个规定是符合我国的国情和历史文化传统的。"据我所知,目前世界上绝大多数国家都不承认同性婚姻的合法性,因此民法典婚姻家庭编草案也维持了现行婚姻法规定的一夫一妻制,这个草案已经在中国人大网全文公布,向社会征求意见。"[①]因此,同性婚姻合法化是一个漫长的历程,但同性同居事实身份关系的客观存在及对少数人群即弱势群体的人文关怀的现实需要,对同性同居事实身份关系法律保护,我们认为一定条件即不违反法律强制性规定、公序良俗等情形下,认可同性同居契约身份关系,即依同居协议确定其对内及对外权利义务关系方面的效力,对其给予有限保护具有必要性与现实可能性,且具有理论与实践意义。

第二节 国内同居事实身份关系法律保护第二步

国内同居事实身份关系法律保护第二步,制定《民事伴侣关系法》。立法内容可参考《法国民法典》中人法卷增添"紧密关系民事协议"(PACS)。

---

① 朱宁宁:《全国人大常委会法工委回应同性恋合法化:民法典草案维持一夫一妻制》,载《法制日报》2019年8月21日。

(1)民事伴侣关系的主体,包括两个异性和两个同性的成年自然人,即一对一的异性同居、同性同居事实身份关系的当事人。

(2)民事伴侣关系的当事人须订立民事伴侣关系协议。民事伴侣关系协议是指两个异性,或者两个同性的成年自然人之间为组织共同生活而订立的受法律保护的协议。这一协议:一是表明这一身份关系受法律保护;二是订立民事伴侣关系协议的当事人与已婚者是法律地位不同的两类人,即并非所有情况下都依平等原则对他们给予完全一致的对待;三是协议当事人应具有共同生活内容。"共同生活"的内容,即法律认可的当事人之间为利益共同体,而不是仅限于两人"简单地在一起居住",要求当事人有共同的居所和"夫妻"生活。要求当事人有"夫妻"生活,目的在于防止乱伦、履行忠诚义务,不得再行结婚。

(3)民事伴侣关系协议缔结的实质要件,即必须具备和排除的要件与结婚之理由相同。除当事人双方必须有自愿真实的合意、完全的行为能力外,还包括以下禁止或排除性要件:直系的尊血亲与卑血亲之间,直系的姻亲之间以及直至并包括第三亲等在内的旁系亲属之间;两人中的任何一人不得有婚姻关系;两人中任何一人不得订立有民事伴侣关系协议。同时,协议还需明确两点:当事人间相互实际的帮助义务,即受民事伴侣关系协议约束的当事人要相互给予实际的帮助,帮助的方式由协议确定,包括其中任何一人为他们的日常生活需要以及与他们的共同住房有关的费用向第三人承担连带责任,任何违反此种帮助义务的条款无效,如果在所订立的协议中没有作出此种规定发生争议时,依公平原则据各自的状况确定进行此种相互的实际的帮助之方式;当事人之间的财产制度,即民事伴侣关系协议订立之后有偿取得的财产在不损害善意第三人利益的前提下,可以约定为全部共同共有,或部分共同共有,没有约定或约定不明确的,依公平原则视具体情况推定为全部共同共有,或部分共同共有。

(4)民事伴侣关系协议缔结的形式要件。将该法律认可的身份关系视为准婚姻,民事伴侣关系协议的缔结可采用婚姻缔结的形式要件。民事伴侣关系协议的缔结程序也需申请、审查、登记三个步骤。首先,当事人双方必须亲自到一方户口所在地的婚姻登记机关提出缔结民事伴侣关系的登记请求。这一申请不适用代理,当事人不能采用委托代理形式或用书面意见来代替自己亲自到场。申请时当事人应持本人的户口簿、身份证、缔结民事伴侣关系的协议书,本人无配偶以及与对方当事人没有直系血亲和三代以内旁系血亲关系的签字声明等证件和证明材料。离异的,还须持有效的离婚证件,如离婚证、离婚调解书、离婚判决书等。其次,婚姻登记机关应对当事人缔结民事伴侣关系登记的申请进行审核、查证。审查是登记的中心环节,是申请的继续,登记的基础。婚姻登记机关应当对缔结民事伴侣关系的当事人出具的证件、证明材料进行审查,必要时可以进行调查、询问当事人缔结民事伴侣关系的意愿等。最后,对符合缔结民事伴侣关系的当事人进行登记。通过审查,对符合缔结民事伴侣关系条件的,应当当场登记。经审查,对不符合条件的申请,不予登记,并说明理由。

对于涉外、涉港、澳、台地区民事伴侣关系的登记问题,如果中国公民同外国人在中国内地登记的,内地居民同香港居民、澳门居民、台湾居民、华侨在中国内地登记的,双方当事人应当共同到内地居民常住户口所在地的婚姻登记机关办理登记。办理登记的香港居民、澳门居民、台湾居民应当出具下列证件和证明材料:本人的有效通行证、身份证,经居住地公证机构公证的本人无配偶以及与对方当事人没有直系血亲和三代以内旁系血亲关系的声明。办理登记的华侨应当出具下列证件和证明材料:本人的有效护照,居住国公证机构或者有权机构出具的、经中华人民共和国驻该国使领馆认证的本人无配偶以及与对方当事人没有直系血亲和三代以内旁系血亲关系的证明,或者中华人民共和国驻该国使领馆出具的本人无配偶以及与对方当事人没有直系血亲和三代以内旁系血亲关系的证明。办理登记的外国人应当出具下列证件和证明材料:本人的有效护照或者其他有效的国际旅行证件,所在国公证机构或者有权机关出具的、经中华人民共和国驻该国使领馆认证的本人无配偶的证明,或者所在国驻华使领馆出具的本人无配偶的证明。

(5)民事伴侣关系登记的效力。它是指确立缔结民事伴侣关系所产生的法律后果。当事人依法履行了登记手续,则产生了相应的法律后果,即登记的民事伴侣关系效力,它与婚姻不同,婚姻效力是完整的,登记的民事伴侣关系效力是不完整的。婚姻效力在婚姻家庭法上有直接与间接之分,直接效力是指夫妻间的权利义务关系,间接效力是指基于婚姻而产生或引起的其他亲属间的权利义务关系。婚姻的成立除在婚姻家庭上产生法律效力外,在其他法律部门也有相应的效力产生,如继承法上配偶相互继承权,刑法上的有配偶者与他人结婚构成重婚罪,在诉讼法上配偶可作为当事人的民事代理人和被告人的刑事辩护人等等。登记的民事伴侣关系效力主要是直接效力,即当事人之间的人身关系与财产关系的效力,及不得损害善意第三人的合法权益效力。

(6)民事伴侣关系协议的变更。对民事伴侣关系协议的任何变更都必须由当事人提交共同声明,并在接受原申请机关进行登录,一式两份,附于原声明;记载变更协议事项的文书要履行规定的手续,否则无效。

(7)民事伴侣关系协议的终止。如果民事伴侣关系协议的双方当事人一致决定终止他们之间订立的协议,应向当事人居所所在辖区的原申请地提交共同声明,将此声明登记于登记簿并予以保管,且必须对未成年子女的抚养及财产达成一致协议;如果民事伴侣关系协议的一方当事人决定终止该协议,应向另一方送达其决定,并将此送达文书的副本寄送至接收协议原申请地,如对未成年子女的抚养及财产达不成一致协议的,可通过法院诉讼解决;终止的时间:双方当事人一致决定终止,共同声明于该协议原本上进行记载之时;一方当事人决定终止,送达文书的副本到达原申请地之日起3个月。

第七章 涉外同居事实身份关系法律保护设想

第一节 涉外同居事实身份关系法律适用与法律规避制度解读

涉外同居关系如何适用法律,是承认或否认其效力还是处理其纠纷?不管国内婚姻家庭立法和国际私法是否有法律规定,也无论从学理的视角,或者从制定法律或者法官实践的视角来论述该问题,均不能违背一个国家的强制性或禁止性法律规范及公共秩序保留原则,这是其前提条件。最高人民法院1988年印发的《关于〈中华人民共和国民法通则〉若干问题的意见(试行)》中规定:"当事人规避我国强制性或禁止性法律规范的行为,不发生适用外国法律的效力。"《最高人民法院关于适用〈中华人民共和国涉外民事关系法律适用法〉若干问题的解释(一)》第11条:一方当事人故意制造涉外民事关系的连结点,规避中华人民共和国法律、行政法规的强制性规定的,人民法院应认定为不发生适用外国法律的效力。上述规定确立了中国大陆国际私法中的法律规避制度。这一制度的本意是涉外民事关系的当事人故意改变冲突规范中的连结点,规避一个国家的强制性或禁止性法律规范,以避开本应适用的准据法,而使有利于自己的准据法得以适用的逃法行为。这一制度的要点:一是何谓强制性或禁止性法律规范?所谓强制性或禁止性法律规范,是任意性法律规范的对称,是按照法律规则能否允许主体自主调整所作的分类。此类法律规范在具体的法律条款中有明确规定,无论是绝对的肯定或否定,当事人只能依法行事,不允许当事人自行协商解决问题。二是运用这一法律制度否认涉外民事关系的效力,在国际私法上是冲突法,即间接方法解决涉外民事关系的结果。如果一个国家没有解决特定的涉外民事关系的冲突规范,这一规定能否适用于特定的涉外民事关系?对这一制度的两要点,笔者认为:未婚异性同居关系[①]不是我国法律规范禁止的民事行为,这一规定同样能适用于没有冲突法的情形下,解决特定的涉外民事关系。理由是:首先,翻阅中华人民共和国的婚姻法律史,对"同居关系"的法律保护,在很大程度上就是对符合结婚实质要件的狭义的"事实婚姻"的保护。对事实婚姻的法律保护,我国经历了一个由承认到逐步限制承认,到完全不承认再到妥协的有条件承认,到现在根本不提的一个变化发展过程。这里则引出一个对未婚同居关系是否合法的认定问题。从已有的法律规定来看,婚姻法修正案及其司法解释,以及新的《婚姻登记管理条例》有"禁止有配偶者与他人同居"的规定,各省市的计划生育法规有禁止非婚生育的规定,最高人民法院关于以夫妻名义同居的司法解释中有关于"非法同居"的处理原则,除这些以外,其他法律、法规中尚未见到关于禁止未婚同居或婚前发生性关系的规定。根据"法律无明文禁止的不算违法"的一般法律原则,未婚同居关系并不违法。因而,该类身份关系不在法律明令禁止的民事行为之列,理应得到法律的承认与保护。其次,最高人民法院对国内婚姻法的相关司法解释值得质疑。因为一切立法及其有法律约束力的司法解释应遵循实事求是,从实际出发原则,或科学性原则。这一原则要求从我国社会主义初级阶段的国情出发,理性化、合理化、主观符合客观地立法,对符合结婚实质要件的男女当事人,分时间段地分别以事实婚姻或者同居关系来对待与处理,但并不因此,这类事实身份关系就客观上不存在或减少,事实上这类事实身份关系在国内外均普遍地长期存在。因而,这是一种非良性的、缺乏实践与法理依据的司法解释。再次,国际

[①] 原文中指未婚异性同居,同理,未婚同性同居也如此,只不过我国也没有对后者明确保护的规定。

私法的法律规避实践,运用强制性或禁止性法律规范否认外国法律的效力,直接来源于内国法律体系中的强制性或禁止性法律规范,内国法律体系中没有对该种民事关系明令禁止的实体法律规范,那么,也不能以此否认同一类型的涉外民事关系的效力。至于内国有无调整该类身份关系的冲突法规定,则并不重要。也就是说,与我国大陆关联的涉外同居关系,属于我国大陆国际私法中婚姻家庭法调整的范畴,该类身份关系法律规避实践中,运用强制性或禁止性法律规范否认外国法律的效力,直接来源于我国国内婚姻家庭法律体系中的强制性或禁止性法律规范,我国国内婚姻家庭法律体系中没有对该种民事身份关系明令禁止的法律规范,那么,不管有无调整该类身份关系的冲突法规定,或者不管运用何种法律调整方法,以此否认该种涉外民事身份关系效力的理由不能成立。①

第二节 涉外同居事实身份关系法律适用与公共秩序保留原则解读②

中华人民共和国立法史上,1982年《宪法》第53条中使用了"公共秩序"一词;1991年制定的《民事诉讼法》第268条中称其为"中华人民共和国法律的基本原则"或者"社会公共利益";1986年我国《民法通则》第150条第一次在国际私法中对其作了全面规定,称其为"中华人民共和国的社会公共利益"。《涉外民事关系法律适用法》第5条规定:"外国法律的适用将损害中华人民共和国社会公共利益的,适用中华人民共和国法律。"从这些公共秩序保留的立法措辞体会其立法精神,导出公共秩序保留所涉及的内容,是国家在政治、经济、法律方面的重大利益、基本政策、法律的基本原则等根本性问题。同时,《涉外民事关系法律适用法》第5条规

---

① 何群:《涉外同居关系适用法律问题研究》,载《湘潭大学学报》(哲学社会科学版)2007年第4期。

② 何群:《涉外同性婚姻法律适用问题研究》,载《河北法学》2012年第10期。

定,强调适用外国法律的结果,而不是外国法内容本身损害我国社会公共利益。公共秩序保留原则作为一种维护国家社会利益的"安全阀",既是公法原则,也是私法原则,为各国立法与实践所肯定与重视。上述规定表明:我国采取了直接限制的立法方式,确定违反公共秩序的实际标准是"结果说",有利于适当限制公共秩序的运用,具有灵活性与客观性。其特点与生命力就在于它的弹性与抽象性。就我国而言,国际私法理论上所说的公共秩序保留是指根据本国冲突规范适用外国法,如果外国法的适用结果违背我国公共秩序,则排除其适用的一种制度。由于我国没有处理此类身份关系的冲突法,即不具备依我国冲突法解决此类身份关系法律冲突的可能,但对这类身份关系视而不见,或不作为,并不是现代国家处理涉外民事关系应有的态度。根据涉外同居关系是民事身份关系,民事身份关系领域有自己的部门法基本原则的法律逻辑推理,维护我国公共秩序的表现,集中体现于是否与我国婚姻家庭法中的婚姻自由、一夫一妻、计划生育等基本原则相抵触。涉外同居关系的存在无疑是当事人明示或默示协商一致的结果,是主体展示个性的现代意识的表现,是遵循身份契约自由即婚姻自由原则的。这类身份关系是没有配偶的男女似夫妻共同生活,理应也不违背一夫一妻,禁止重婚原则。从国内法的角度,对其纳入法律调整或保护的范围,则可避免违反计划生育基本原则。从国际私法的角度,自然人国籍的取得有采出生地主义、血统主义或二者相结合的立法态度,一些国家承认双重或多重国籍,我国则坚持国籍唯一原则,因而,涉外同居关系的存在并不当然违反我国计划生育基本原则。同时,还应注意两点:其一,同居事实身份关系属于婚姻家庭法范畴,婚姻家庭法以婚姻家庭关系为调整对象,而婚姻家庭关系首先是一种人身关系,其次是在人身关系基础上形成的财产关系,具有完全私人性,即主体不涉及法人或国家,政治层面的负面影响较小,更谈不上动摇我国在政治、经济、法律方面的根本制度或原则问题。其二,从维护依法设立的民事关系的稳定性,保护当事人的既得利益考虑,许多处理纯国内民事关系的强行法规定,在处理国际私法关系时,就并非一定是强行的。[1] 这就是国际私

---

[1] 李双元、金彭年等:《中国国际私法通论》,法律出版社1996年版,第158页。

第七章 涉外同居事实身份关系法律保护设想

法理论上所要求的公共秩序保留在司法运作时,国内民法上的公共秩序与国际私法上的公共秩序应加以区分,不能等同。与此理论相适应,我国《涉外民事关系法律适用法》第5条的规定与《民法通则》第150条的规定相比,前者确定了违反公共秩序的实际标准是"客观说"中的"结果说",有利于适当限制公共秩序的运用,具有灵活性与客观性。这是"因为,有的时候,如果仅仅依外国法的规定不符合我国道德的基本观念或法律的基本原则就排除其适用,往往不利于保护弱方当事人的合法权益,相反,如果适用外国法,不但可以保护当事人的合法权益,事实上也无损于我国的'公共利益'或'公序良俗'"。①

第三节 适用适宜的"间接适用的法"解决②

一、涉外同居事实身份关系的识别或称定性问题

鉴于中国婚姻家庭实体法律规范没有涉及同居事实身份关系的法律现状,对中国涉外同居事实身份关系的识别或称定性,即对外国法律认可的同居身份关系这一法律问题,或者对中国现存的同居身份关系的事实问题,是依据一定的法律观念或法律概念确定其性质,将其归入相应的法律范畴,且用特定的法律名词表达出来的一个法律认识过程。依据《涉外民事关系法律适用法》第8条"涉外民事关系的定性,适用法院地法律"的规定,在中国的涉外同性婚姻依中国法律定性。据前述分析,在中国同居事实身份关系是一种民事关系,我国法律中有民事关系的法律概念,因而,我们可将其识别为一种民事身份关系。这种识别或称定性结果,是否意味着《涉外民事关系法律适用法》第三章婚姻家庭

---

① 韩德培:《国际私法新论》,武汉大学出版社1997年版,第217页。
② 何群:《涉外同性婚姻法律适用问题研究》,载《河北法学》2012年第10期。

第21条(结婚条件)、第22条(结婚手续)、第23条(夫妻人身关系)、第24条(夫妻财产关系)等法律适用法不能运用于中国涉外同居事实身份关系法律冲突问题的解决,这是一个仍然需要探讨的问题。由于这种民事关系类似于婚姻关系,也可将其视为婚姻关系,那么,《涉外民事关系法律适用法》第三章婚姻家庭法律适用法的条款均可运用于与中国相关的涉外同居身份关系法律冲突问题的解决。

二、适用间接方法

间接方法即运用冲突法方法,解决涉外同居事实身份关系的适用法律问题。2011年4月1日之后,依据《涉外民事关系法律适用法》涉外同居事实身份关系的法律适用原则有两种选择:

一是类推适用涉外结婚的法律适用原则[①]。

适用类推制度,即可将与中国有关的涉外同居事实身份关系视为异性婚姻,类推适用相应的冲突规范。这是一种对待涉外同居事实身份关系很宽松的解决办法。综观我国《涉外民事关系法律适用法》,其特点之一是大量采用经常居所地这一连结点,避免了两大法系在此问题理解与适用的分歧,反映了国际私法理论与立法的最新趋势,上述涉外婚姻法律适用四个条文也不例外。如第21条规定:"结婚条件,适用当事人共同经常居所地法律;没有共同经常居所地的,适用共同国籍国法律;没有共同国籍,在一方当事人经常居所地或者国籍国缔结婚姻的,适用婚姻缔结地法律。"这是一种有条件地选择类型的冲突规范,立法意图是尽可能地使当事人缔结的婚姻有可遵循的法律依据。由于第22条规定了宽松的结婚手续的法律适用原则及效力认定,即"结婚手续,符合婚姻缔结地法律、一方当事人经常居所地法律或者国籍国法律的,均为有效"。因而,第21条所指的结婚条件仅指结婚实质要件,即结婚必须具备与排除的条件,不

---

① 涉外同居事实身份关系类推适用涉外结婚的法律适用原则,除了满足不违背法律规避制度、公共秩序等前提条件外,还应有同居的时间、稳定性、生育子女等条件的限制。

第七章 涉外同居事实身份关系法律保护设想

包括结婚形式要件。那么涉外婚姻实质要件效力如何？我国《涉外民事关系法律适用法》没有规定。同时依据第21条规定缔结的婚姻，还可能出现这种结果：如果遇到当事人的共同经常居住地在我国大陆境内，相同国籍或不同国籍的外国人依其本国法能成立的同居关系，在我国大陆境内则不能成立（因该条冲突规范首选的法律适用原则是当事人共同经常居所地法律），结果显然不利于涉外民商事交往。针对此不足，我们认为：一是本着开放与和谐的人文主义的立法态度，将第21条这一有条件地选择类型的冲突规范改为无条件地选择类型的冲突规范，即"结婚条件，适用当事人共同经常居所地法律；或者适用当事人共同国籍国法律；或者适用一方当事人经常居所地法律；或者适用一方当事人国籍国法律；或者适用婚姻缔结地法律"。二是适用认定涉外婚姻效力的司法解释，即1988年1月26日最高人民法院审判委员会讨论通过的《关于贯彻执行〈中华人民共和国民法通则〉若干问题的意见（试行）》第188条规定："认定涉外婚姻是否有效，适用婚姻缔结地法。"该规定仍然有效。原因一，对认定涉外婚姻效力的法律适用，《涉外民事关系法律适用法》没有规定，该司法解释并不与《涉外民事关系法律适用法》的立法精神相抵触；原因二，目前当事人不可能在中国缔结同性婚姻，中国只存在当事人在外国缔结同性婚姻，来到中国，中国对其婚姻效力的认定问题。依据该司法解释，中国人与外国人之间、中国人之间，以及相同或不相同国籍的外国人之间在外国依法缔结的同性婚姻或同居民事身份关系，随该当事人来到中国，符合前述条件下，中国认定其身份关系的有效力。这一问题的解决，为同居关系当事人相关的实体法上的权利义务的确定提供了条件。因而，该司法解释对处理中国境内的涉外同居问题，具有可操作性，也与上述修正了的第21条规定相吻合。

二是依最密切联系原则确定涉外同居事实身份关系的法律适用。

如果我国《涉外民事关系法律适用法》确定的结婚法律适用原则，对涉外同居不可适用类推制度，那么则可依最密切联系原则确定涉外同性婚姻的法律适用。我国《涉外民事关系法律适用法》将最密切联系原则作为重要的法律原则，并具体规定在其他章节的相关条文中。表明该法赋予法院或仲裁机构一定范围的自由裁量权，这是涉外民商事法律关系复杂性、成文法立法的有限性及滞后性的需要。最密切联系原则运用的条件只是在"本法和其他法律对涉外民事关系法律适用没有规定的,适用与该涉外民事关系有最密切联系的法律。"(第 2 条)可见,它是我国涉外民事关系法律适用中一个极其重要的补充性原则。该原则在合同领域为仅次于当事人意思自治原则的法律适用准则,并采用了"特征性给付说"(第 41 条)。更为重要的是这一补充性法律适用原则,为法官判案提供了明确的法律依据。这是一项极具现实性与前瞻性的立法标志,表明我国国际私法立法具有世界先进水平,且独具特色。但最密切联系原则是一个灵活的富于弹性的开放性冲突原则,立法目的是使法官在处理涉外民商事案件时根据案件的具体情况,综合考察各种与案件有关联的因素,使案件的处理结果具有最大的公正与合理性,从而更有效地保护当事人的合法权益。如果不对其限制,则可能出现运用最密切联系原则解决涉外民商事案件,法律适用上在冲破传统冲突规则约束的同时,却走向另一个不确定的和任意的极端,使法官的选择变得非常随意。为了给法院提供一个判断最密切联系的标准,或限制法院在判断最密切联系时的主观任意性,2007 年 8 月 8 日实施的《最高人民法院关于审理涉外民事或商事合同纠纷案件法律适用若干问题的规定》第 5 条第 2 款规定了 17 种合同最密切联系的具体实施标准,并主要采用"特征履行说",即以特征履行方的营业所在地为标准,但在其他涉外民事或商事领域究竟如何判断最密切联系的具体实施标准,这是一个必须解决的问题,否则我国《涉外民事关系法律适用法》运用于司法实践则需要考量法官的智慧,相同类型的案件结果可能不同。

第四节　可运用"直接适用的法"解决

一、《涉外民事关系法律适用法》第 4 条的解读

《涉外民事关系法律适用法》第 4 条规定"中华人民共和国法律对涉

外民事关系有强制性规定的,直接适用该强制性规定"。该规定在2013年《关于适用〈中华人民共和国涉外民事关系法律适用法〉若干问题的解释(一)》出台前,是否可理解为我国法律规避制度的立法,从而取代前述1998年司法解释第194条的规定? 这是一个值得思考的问题。如果将其理解为我国法律规避制度的立法,该规定有两层内容:一是确定了我国法律规避的范围,即我国法律对涉外民事关系有强制性规定,而不是我国法律对民事关系有强制性规定;二是确定了我国法律规避的结果,即直接适用该强制性规定,而不是适用冲突规范导致的外国法或外法域法。我们认为,将法律规避的范围限定在我国法律对涉外民事关系有强制性规定,不符合一般法理。理由是:我国《涉外民事关系法律适用法》内容的本体或核心是冲突规范,及其相关的制度、原则等,冲突规范就其性质而言,虽说理论上有争论,但它是一种法律适用法却得到了学界的共识。其作用只指明不同性质的涉外民事法律关系适用何国或何地法,不能直接确定当事人具体的权利义务,最突出的特点或缺陷是间接调整方法。由冲突规范指引适用的准据法方可确定当事人在具体方面的权利义务关系,而准据法主要是实体法。因此,我国法律中的强制性规定,不仅表现在我国实体法律对涉外民事关系有强制性规定,更多的是我国实体法律对国内民事关系有强制性规定,显然这种限定与国际私法上法律规避制度相悖。同时该条规定明确了中华人民共和国法律对涉外民事关系有强制性规定的,直接适用该强制性规定,不需要适用冲突规范,而国际私法上法律规避制度必须是当事人有意识地改变冲突规范中的连结点,即必须借助冲突规范的适用,方可使自己不合法的行为合法化。上述分析表明,该条规定不是一条法律规避制度的立法,而是将"直接适用的法"引入国际私法领域。因此,前述及后来的司法解释是我国法律规避制度的重要立法。① 为了进一步理解运用《涉外民事关系法律适用法》第4条,《关于适用〈中华人民共和国涉外民事关系法律适用法〉若干问题的解释(一)》第10条规定,有下列情形之一,涉及中华人民共和国社会公共利益、当事人不能通过约定排除适用、无需通过冲突规范指引而直接适用于涉外民事

---

① 何群:《涉外同性婚姻法律适用问题研究》,载《河北法学》2012年第10期。

关系的法律、行政法规的规定,人民法院应当认定为涉外民事关系法律适用法第 4 条规定的强制性规定:涉及劳动者权益保护的;涉及食品或公共卫生安全的;涉及环境安全的;涉及外汇管制等金融安全的;涉及反垄断、反倾销的;应当认定为强制性规定的其他情形。

二、国际私法上的"直接适用的法"不能只为法院地法或内国法[①]

从《涉外民事关系法律适用法》第 4 条及相应司法解释第 10 条得知,我国已将"直接适用的法"引入国际私法领域,但限定在上述类型的法律关系中直接适用我国法律。这种"直接适用的法"范围值得探讨,理由:一是"直接适用的法"的理论的探讨。"直接适用的法"这一概念是由法国国际私法学者福勒·弗朗西斯卡基斯(Ph. Frances-cakis)于 1958 年在《反致理论和国际私法的体系冲突》一文首次提出。[②] 其原因虽说是由于国家职能的改变及其在经济生活中作用的提高,国家对经济的干预与日俱增,对于涉及一国政治、经济和社会制度等重大利益的强制性法律规范,如:反垄断法、外汇管制法、价格法、社会保障法、消费者权益保护法等在调整涉外民商事法律关系时,可以不需要援引传统的冲突规范,而直接运用于该涉外民商事法律关系。但"直接适用的法"既可以是法院直接适用内国法,也可以是法院直接适用外国法,适用后者必须符合一定条件。又由于"直接适用的法"目前并没有一个确切和完整的法律体系,只是一些个别具体的法律规范,通常散见于一国国内的民商事法律中。此类规范的内容和范围是不明确的,各国可根据本国具体情况予以确定。[③] 二是虽说一般认为涉外婚姻家庭法调整涉外婚姻家庭关系,因该领域的立法各国差异大,其法律冲突的解决只

---

① 何群:《涉外同性婚姻法律适用问题研究》,载《河北法学》2012 年第 10 期。
② 徐冬根:《论当代国际私法中的"法律直接适用说"》,载《宁波大学学报》(人文社科版)1993 年第 1 期。
③ 田晓云:《"直接适用的法"与合同准据法的确定》,2003 年中国国际私法学会年会论文集,第 396 页。

第七章 涉外同居事实身份关系法律保护设想

能依靠冲突法即间接适用法解决,而"直接适用的法"在该领域没有存在的空间。但如果我们站在现实性与前瞻性,尊重多元化文化观念与生活方式,内外有别地对待与处理涉外民事身份关系,有条件的开放性,而非保守地适用法律的视角,基于世界范围内婚姻家庭关系立法有良好的国际法律环境的现实,以及我国的现状,我们认为涉外同居事实身份关系适用法律问题,在具备前述条件下,即意味着不违背社会公共利益,不违背强制性或禁止性法律规范,且符合当事人的个人利益。法官直接适用有关外国的实体身份法或司法判例,运用于与中国有关的涉外同性婚姻问题的解决,未必不是一种积极、有效的选择途径。直接适用外国法或司法判例,并非任一外国的实体身份法或司法判例,必须是特定涉外同居事实身份关系的争诉或待处理的问题与该外国有实质联系,例如,争诉的当事人一方或双方在该外国有国籍或住所或居所,或者在该外国有财产,或者是该特定的涉外同居事实身份关系在该外国成立或经历等,均视为与该外国有实质联系。

三、"直接适用的法"运用于涉外同居身份领域的意义

理论的意义在于服务实践。"直接适用的法"运用于特定的涉外同居身份领域,其意义有四:一是能解决实践中的盲点和真空,为实践找到一种理论依托。在立法实践存在质疑的情况下,司法实践可以大胆先行,这种有益的探索又加速了该特定身份关系的立法进程。二是开辟了解决涉外身份领域民事法律冲突的新途径。冲突法解决涉外身份领域的民事法律冲突,不是唯一的,也不是一成不变的。只要符合一定的条件,且有必要和可能,"直接适用的法"未必不是一种解决涉外身份领域民事法律冲突的好办法。因其具有的可预见性、针对性、明确性等优点,是冲突法所无可比拟的。三是一国法院直接适用外国或外法域的实体法或它们的司法判例,对涉外民商事案件所作的判决,能得到外国或外法域的承认与执行,这也是国际私法或区际私法追求和维护涉外民商事法律关系稳定性的需要。尤其是对同一国籍或不同国籍的外国人之间在中华人民共和国境内的特定身份关系,且其属人法赋予该特定身份关系有法律效力的更

是如此。反之,一国法院对涉外民商事案件所作的判决,不能得到外国或外法域的承认与执行,该判决则成为一纸空文,没有任何实际意义。四是对中国人与外国人之间在中华人民共和国境内外的该特定身份关系,直接运用相关外国或外法域的实体法或司法判例处理,结果在很大程度上使我国同居者获得了依我国法律不能获得的权益,继而便于当事人遵守与履行。①

---

① 何群:《论"直接适用的法"在特定涉外身份领域的运用》,载《广州大学学报》2007年第10期。

参考文献

[1]李双元、金彭年等:《中国国际私法通论》,法律出版社1996年版。
[2]韩德培:《国际私法新论》,武汉大学出版社1997年版。
[3]李双元:《国际私法(冲突法篇)》,武汉大学出版社2001年版。
[4]夏吟兰:《美国现代婚姻家庭制度》,中国政法大学出版社1999年版。
[5]杨遂全:《第三人侵害婚姻家庭的认定与处理》,法律出版社2001年版。
[6]于秀:《法律干预什么》,改革出版社1999年版。
[7]李银河:《性文化研究报告》,江苏人民出版社2003年版。
[8]刘达临、鲁龙光:《中国同性恋研究》,中国社会出版社2005年版。
[9]谈大正:《生命法学导论》,上海人民出版社2005年版。
[10]徐国栋:《绿色民法典草案》,社会科学文献出版社2004年版。
[11]许育红:《领事公证认证法律实务》(民商法律操作指引),法律出版社2007年版。
[12]彭万林:《民法学》,中国政法大学出版社1994年版。
[13]李开国:《民法总则研究》,法律出版社2003年版。
[14]王利明、崔建远:《合同法》,北京大学出版社1999年版。
[15]梁慧星:《民商法论丛》(第15卷),法律出版社2000年版。
[16]《法国民法典》(上册),罗结珍译,法律出版社2005年版。
[17][德]K.茨威格特,H.克茨:《比较法总论》,潘汉典等译,法律出版社2003年版。
[18]《魁北克民法典》,孙建江、郭站红、朱亚芬译,中国人民大学出版社2005年版。
[19]徐国栋:《埃塞俄比亚民法典》,薛军译,中国法制出版社2002年版。
[20]《巴西新民法典》,齐云译,中国法制出版社2009年版。
[21]杨立新:《亲属法专论》,高等教育出版社2005年版。

[22]王泽鉴:《民法概要》,中国政法大学出版社 2003 年版。

[23]陈棋炎:《亲属、继承法基本问题》,台湾三民书局 1980 年版。

[24]张文显:《法理学》,高等教育出版社、北京大学出版社 2007 年第 3 版。

[25]张宏生:《西方法律思想史》,北京大学出版社 1983 年版。

[26]李步云:《人权法学》,高等教育出版社 2005 年版。

[27]李步云:《法理探索》,湖南人民出版社 2003 年版。

[28]徐显明:《人权研究》(第二卷),山东人民出版社 2003 年版。

[29]巫昌祯:《婚姻法执行状况调查》,中央文献出版社 2004 年版。

[30]梁西:《国际法》,武汉大学出版社 2005 年版。

[31]邓成明、杨松才:《公民权利与政治权利国际公约若干问题研究》,湖南人民出版社 2007 年版。

[32]于海涌:《仪式婚的法律保护》,载《法学》2007 年第 8 期。

[33]陈苇、高伟:《我国事实婚姻制度之重构——澳大利亚的〈事实伴侣关系法〉的启示》,载《法学杂志》2008 年第 2 期。

[34]陈苇、王薇:《我国设立非婚同居法的社会基础及制度构想》,载《甘肃社会科学》2008 年第 1 期。

[35]何丽新:《论事实婚姻与非婚同居的二元化规制》,载《比较法研究》2009 年第 2 期。

[36]何丽新:《构建我国非婚同居规制的法律机制》,载《甘肃政法学院学报》2007 年第 1 期。

[37]何丽新:《非婚同居的规制不会冲击结婚登记制度》,载《政法论丛》2011 年 4 月。

[38]夏吟兰:《民法分则婚姻家庭编立法研究》,载《中国法学》2017 年第 3 期。

[39]邓丽勤:《禁婚条件法律问题研究》,广州大学 2018 年硕士论文。

[40]徐冬根:《论当代国际私法中的"法律直接适用说"》,载《宁波大学学报》(人文社科版)1993 年第 1 期。

[41]田晓云:《"直接适用的法"与合同准据法的确定》,2003 年中国国际私法学会年会论文集。

[42]吴天月、徐涤宇:《论身份的占有——在事实和法律之间》,载《法商研究》2000 年第 6 期。

[43]李莉:《身份权若干问题新探》,载《法制与社会发展》1999 年第 3 期。

[44]王薇:《非婚同居关系法律制度比较研究》,西南政法大学博士学位论文,2007 年 3 月。

[45]张民安:《非婚同居在同居配偶间的法律效力》,载《中山大学学报》1999年第2期。

[46]高留志:《论非婚同居的立法规制》,载《广西政法管理干部学院学报》2003年第11期。

[47]方霞:《对婚姻自由原则的思考——兼论同居现象的合理规制》,载《广西政法管理干部学院学报》2005年第1期。

[48]李昌道:《加拿大同性婚姻法透视》,载《比较法学研究》2006年第1期。

[49]周应江:《英国家庭法对非婚同居关系的承认与保护》,载《中华女子学院学报》2008年第1期。

[50]汪晓薇:《北欧国家调整非婚同居关系的立法尝试》,载《外国法学》1987年第1期。

[51]王薇:《美国非婚同居法律制度述评》,载《暨南学报(哲学社会科学版)》2010年第1期。